医养结合——健康老龄化的中国方案

赵晓芳 著

中国财富出版社有限公司

图书在版编目（CIP）数据

医养结合：健康老龄化的中国方案／赵晓芳著．—北京：中国财富出版社有限公司，2021.9

ISBN 978－7－5047－7522－1

Ⅰ.①医…　Ⅱ.①赵…　Ⅲ.①养老－社会服务－研究－中国　Ⅳ.①D669.6

中国版本图书馆CIP数据核字（2021）第179667号

策划编辑	李彩琴	**责任编辑**	张红燕　孟　杨	**版权编辑**	李　洋
责任印制	梁　凡	**责任校对**	孙丽丽	**责任发行**	董　倩

出版发行	中国财富出版社有限公司		
社　　址	北京市丰台区南四环西路188号5区20楼	**邮政编码**	100070
电　　话	010－52227588转2098（发行部） 010－52227566（24小时读者服务）		010－52227588转321（总编室） 010－52227588转305（质检部）
网　　址	http：//www.cfpress.com.cn	**排　　版**	宝蕾元
经　　销	新华书店	**印　　刷**	北京九州迅驰传媒文化有限公司
书　　号	ISBN 978－7－5047－7522－1/D·0200		
开　　本	710mm×1000mm　1/16	**版　　次**	2023年2月第1版
印　　张	11.25	**印　　次**	2023年2月第1次印刷
字　　数	190千字	**定　　价**	56.00元

前　言

我国自1999年进入老龄化社会以来，老年人口规模日益庞大、老龄化程度日益加深。2021年5月11日，国家统计局、国务院第七次全国人口普查领导小组办公室发布《第七次全国人口普查公报》。普查结果显示，我国0～14岁人口为25338万人，占17.95%；15～59岁人口为89438万人，占63.35%；60岁及以上人口为26402万人，占18.70%，其中65岁及以上人口为19064万人，占13.50%，我国距离14%这一深度老龄化社会标准仅一步之遥。

人口老龄化和平均预期寿命延长是社会经济发展的必然趋势，由此带来的挑战也是全方位的，其中老年人的健康问题尤为突出。如果长寿伴随着健康，老年人口的增加就是人力资源的增长，延长的健康生命能够以多种形式贡献于社会。反之，如果延长的生命伴随着能力上的诸多限制和损失，消耗更多的医疗卫生资源和社会服务，将增加个人、家庭和社会的负担，难以继续为社会做贡献。积极应对人口老龄化，需要我们在寿命延长的同时提高健康预期寿命，最大程度地维护和强化老年人的身心功能，最大限度地减少人口老龄化对社会发展的负面影响。实施健康老龄化战略是积极应对人口老龄化的重要策略和有效途径。

由于我国“未富先老”，针对老年人特点的专业化医疗卫生服务尚未形成，应对人口老龄化的挑战更严峻。预计“十四五”期间，我国60岁及以上老年人口将突破3亿人，进入中度老龄化社会。2021年，十三届全国人大四次会议批准《中华人民共和国国民经济和社会发展第十四个五年规划和2035年远景目标纲要》，将“实施积极应对人口老龄化国家战略”专列一章，进行部署安排，反映出人口老龄化问题的严峻性、重要性和紧迫性。

2018 年 3 月，国务院进行机构改革，国家卫生健康委新设老龄健康司，建立了老龄健康的政治领导力，实行健康方面的跨部门治理，统筹应对老龄化与医疗卫生健康服务供给，表明国家对老年健康问题的高度重视。“十四五”时期是应对人口老龄化的重要窗口期，积极应对人口老龄化，需要具有前瞻性、统筹性、创新性及担当思维，用中国方案解决中国问题。在“健康中国”战略指导下，将健康融入老龄政策，大力发展居家社区医养结合，严格规范机构医养结合，实现健康老龄化，是积极应对人口老龄化的中国方案。

赵晓芳

2022 年 8 月

目　录

1 绪论

1.1 问题的提出

人口老龄化是目前我国的基本国情，这个国情将贯穿整个21世纪。我国人口老龄化面临“超大规模、超快速度和超重负担”的严峻挑战,[①] 深度老龄化和超老龄化将伴随社会主义现代化建设的全过程，这些决定了我国的老龄化战略必须建立在自身经验基础之上。2012年12月，第十一届全国人民代表大会常务委员会第三十次会议修订通过了的《中华人民共和国老年人权益保障法》，将积极应对人口老龄化作为国家长期战略任务，明确规定家庭、政府、社会在保障老年人合法权益方面的责任和义务，建立完善老年人社会保障体系和以居家为基础、社区为依托、机构为支撑的社会养老服务体系，为积极应对人口老龄化奠定了法律基础。2020年10月，中国共产党第十九届中央委员会第五次全体会议审议通过的《中共中央关于制定国民经济和社会发展第十四个五年规划和二〇三五年远景目标的建议》，再次明确提出“实施积极应对人口老龄化的国家战略”。

平均预期寿命持续延长和人口老龄化是社会经济快速发展带来的必然趋势，对个人和社会都有深远的影响。人口老龄化和高龄化带来的是机遇还是挑战，取决于老年人口的健康状况。如果延长的是健康预期寿命，老年人口的增加就是人力资源的增长，老年人可以继续为社会做贡献；如果延长的生命是非健康的寿命，老年人就可能成为家庭与社会的负担。健康老龄化以提

① 2018年1月，全国老龄办等14部门联合印发《关于开展人口老龄化国情教育的通知》，明确面向全社会开展人口老龄化国情教育活动。

高老年人的健康预期寿命为根本目的，最大限度地减少人口老龄化对社会发展的负面影响。实施健康老龄化战略是积极应对人口老龄化的重要策略。

近十年来，我国政府积极推动养老服务与医疗服务相结合，试图以医养结合模式应对人口老龄化所带来的一系列健康问题。这一策略的前提是医养结合有助于实现健康老龄化，只是这一假设尚未被验证。虽然医养分割的局面可以支持得出医养结合有利于老年人更便利地获得医疗和养老服务的结论，但是并不能由此推断出医养结合必然有助于实现健康老龄化，比如医养结合试点实践中出现的过度医疗、医保资金滥用等问题，不仅没有助推健康老龄化，反而导致资源浪费和健康不公平。要确保医养结合能促进健康老龄化，需要阐明健康老龄化的内涵，以此为标准去选择、引导和规范医养结合体系建设。①

从健康老龄化的角度思考和构建医养结合服务体系，有两方面的理论意义：一是从能力健康和可行能力视角思考健康的本质和健康老龄化的核心要义，健康老龄化的目的是优化老年人内在功能轨迹，提高健康预期寿命，对不同健康状态的老年人，实施不同的医养结合策略；二是医养结合的理性发展有助于完善中国特色社会保障体系。我国的长期护理保险正在进行制度试点，涉及医与养的辩证关系，清晰界定和划分长期护理和医疗护理的关系，要处理好医与养之间既分又合的关系，医养结合需要兼顾长期护理保险制度的建设进程，两者形成兼容契合的关系，共同促进健康老龄化。医与养是两个不同体系、不同社会系统之间的相互联结和相互合作，两大系统遵循各自规律和运行逻辑，护理领域服务应纳入长期护理保险制度来管理，医疗领域的事务应该归属到医疗制度领域管理。在功能边界清晰的基础之上，才能做到权责明确的相互配合，而不是界限模糊、界限跨越或是界限渗入，最终导致护理制度隐身于医疗保险制度之中。

研究现实意义体现在三方面：第一，人口老龄化这个基本国情将贯穿整个 21 世纪，与之相关的潜在趋势在很大程度上可以预见。从经济学角度看，人口老龄化和高龄化对医疗卫生资源产生挤压效应，健康老龄化的顺利实施

① 曹明倩，周业勤．“健康养老”的政策内涵建构与路径选择［J］．广西社会科学，2018（9）：158－161.

会在很大程度上扭转人口老龄化对健康服务供给资源的挤压。当前，我国低龄老年人在全部老年人中所占比例较大，应抓住机会，深入推进医养结合，让庞大的老年群体在延长寿命的同时保持健康状态，成为强大的资源而非负担。第二，医养结合将健康融入老龄政策进行制度创新，是健康老龄化战略的重要举措，是撬动健康养老服务业的支点，有望成为经济发展新常态下的一个重要经济增长点。第三，世界上很多国家都处在人口老龄化进程中，积极应对人口老龄化是一个全球性热点话题。作为世界第一人口大国，健康老龄化中国战略实施的成败，不仅事关能否处理好老龄化与社会经济发展之间矛盾的根本性议题，也关系到能否承担起作为发展中国家人口大国的责任担当、能否抓住提升我国在健康领域国际影响力和制度性话语权的历史机遇。

1.2 文献综述

“医养结合”是我国独有的概念，国际上与之相近的是英美等国家提倡的“整合照料”和“综合护理”等概念。整合照料理念和实践源自英国，自20世纪40年代英国建成福利国家以来，关于医疗服务和社会服务的界限就一直存有争议，卫生保健由全民健康服务系统（NHS）免费提供，社会服务则由地方当局收费后提供。地方当局的收费照护服务在NHS下是免费的，导致很多老年人“押床”以获得免费照护服务。20世纪50年代末以来，英国医院的医生一再抱怨急症病床被老年患者“压垮”。可以说，关于医疗服务和社会服务边界问题的政策辩论是围绕各自责任展开的一场斗争，中央政府支持医院和医生的观点，限制老年病床的数量，将NHS的边界限定为急性期治疗，将老年人照护的责任移交给地方当局。到了20世纪90年代，两种服务的关系发展成重要的政策问题（Bridgen P，Lewis J，1999）。英国对此开展了两项整合照料推动计划，一是家庭医生与社区医疗机构的整合；二是社会服务部门与医疗机构的整合。实践证明，结构性整合将分散的体系转化为具有协同效应的服务规划和供给系统（Caroline，2003）。

整合照料建立在连续照料和协调照料等相关概念之上，集疾病预防、健康促进、治疗、康复、护理于一体，因其更具成本效益而逐渐受到北美、欧洲和其他发达国家与地区的关注和推广，成为医疗保健领域的一个全球流行词。一项关于医疗系统整合的综述研究发现，有 170 多个关于整合照料的界定（Armitage G D，et al.，2009）。虽然就整合照料未有一致界定，但基本共识是，整合照料比医疗保健的服务范围更广泛，整合照料将诊断、治疗、护理、康复和健康促进相关服务的投入、提供、管理及组织相协同，通过“使……一体化”的方法减少资源浪费，提高系统效率和社会效益，以更好地协调和连续性满足多维健康需求，强化个体适应能力和社会心理，减少不必要的住院和医疗支出，维护老年人的健康权利与尊严。

整合照料包括两个维度六个层次。两个维度，即水平整合和垂直整合：水平整合是同一级别的类似组织联合；垂直整合是不同级别、不同组织之间的联合，比如医院、社区卫生中心、养老院、家庭护理机构之间的联合（Shortell S M，et al.，1994）。整合照料的六个层次：一是功能层面，即后台和支持功能在所有部门之间的协调；二是系统层面，即政策和激励措施的协调；三是组织层面，即服务组织内部和服务组织之间的分工协作；四是专业层面，即组织内部和组织之间的提供者关系；五是服务整合，即协调服务以及在单一流程中对照料的整合；六是规范整合，即关于使命、价值观和文化的整合。

整合照料有三种方法，不同的方法适用于不同的情况。一是链接，这是变化最小的方法，各方在重要的系统约束基础上一起工作。链接适合服务于自理能力较好的老年人，不必依赖外部系统建立特殊关系。二是协调，这是一种比链接更具结构化的整合形式，涉及组织之间的沟通、信息共享和协作，同时保留各自的资格标准和权力责任。协调服务于轻度和中度失能老年人，满足他们获得急诊服务和其他系统护理服务的需求。三是完全整合，这是最具有变革性的方法，是一个新的实体，汇集多个系统的资源，将责任和资源融合在单一的组织或系统之中，以支持完整连续的服务，适合服务于重度失能老年人。

整合照料是卫生系统改革的关键策略，是一项多层次、多模式、需求驱动和以空间为中心的战略，通过初级、二级和三级护理之间的联系，以及在家庭、社区和机构之间的联系，确保需求者得到医疗急症护理、长期照护、心理保健和社会服务集于一体的综合服务，以优化系统性能，获得高质量健康效益。这需要跨部门的健康服务和社会政策之间的联系（Goodwin N，2013；Kodner D L，2009；Valentijn P P，et al.，2013）。

整合照料不仅是应对人口老龄化的现实选择，也为社会照料制度的整体变革提供了选择方案。受到整合照料理念的影响，我国也开展了医养结合探索工作（李海荣、李兵，2019）。北京市政府在2001年将北京市胸科医院改建为老年病医院，北京市化工医院转型为老年护理医院，另有一些医院增设了接受老年人长期住院的病区。学术界据此开展相关研究，提出由传统的居家养老向社会养老转变，以医疗机构提供养老服务，形成“医养结合，持续照顾”的服务格局，能够有效地应对人口老龄化挑战（郭东、李惠优，2005）。相关研究集中在四个方面：一是关于医养结合的内涵，在医养结合服务对象、服务主体、服务模式、责任主体、主管部门、结合机制等方面对医养结合作出了界定（童素娟、米红等，2015）；二是基于地方医养结合实践，分析了医养结合各种模式的优势与劣势、机会与挑战，提出构建多层次养老服务网络的“目标—原则—方式—支撑体系”的框架，提出医养结合的典型模式与优化策略（袁晓航，2013；黄佳豪、孟昉，2014；赵晓芳，2014；李杰，2014；耿爱生，2018；李长远、张举国，2017；王浦劬等，2018）；三是长期护理保险和医养结合的关系，要实现医养结合的整体效应，需要医疗和照护充分明确地分化，在分化中形成功能上的细致分工，各自功能有机耦合，在此基础上形成“整体大于部分之和”的效应（戴卫东，2016；李珍，2018；刘涛等，2020；万祺，2021）；四是医养结合的痛点，国内医疗卫生体制中，门诊机构羸弱，失能、半失能老年人难以便捷地获得门诊服务和上门服务是根本问题。由于医保机构、医养服务供需双方信息不对称，医疗行为难以被监督等问题，导致医养结合过程中的过度医疗、医保经费用途异化等现象频发。医疗体系和养老体系的异质性决定了医养结合绝非易事，主体之间的非理性互动、环境要素变化等因素可能导致医疗“绑架”养老，导致“协同陷阱”和“有覆盖没服务”的境况（朱恒鹏，2017；唐钧，2016；肖云芳，杨小丽，2017）。医养结合顶层设计缺少逻辑思维、政策法规体系不完善、执行主体间协作性较差、公众对医养结合认知度低、配套制度和措施不完善等因素制约了医养结合政策执行效果，呈现出重城市轻农村、重机构轻社区居家的倾向，不利于健康老龄化的推进（张莹、刘晓梅，2019；赵晓芳，2021；陈志鹏等，2021）。

现有研究从多个维度对医养结合进行了深入分析，为后续研究提供了重要基础。但是从实现老年群体的全面健康和全面实施健康中国战略出发，医养结合的总目标是促进所有老年人实现健康老龄化，向不同类型的老年人提供有针对性的医养结合服务。

医养结合作为实现健康老龄化的重要方案，将提升所有老年人的行动能力和社会功能作为健康政策的落脚点。通过医疗卫生服务、生活方式调整、生活环境改造和功能替代等措施，使处于不同健康水平的老年人内在能力发展轨迹达到最佳状态，维持并强化他们的机体功能，恢复或提高其自主生活能力。从生命历程视角看，不同生命阶段的老年人均有医养结合服务需求，医养结合服务贯穿整个老年阶段，满足不同健康状况老年人的多元化需求，才能实现健康老龄化。在“将健康融入所有政策”战略下，构建医养结合政策体系的意义不局限于对老年人医养服务需求的回应，还有助于提高人群的健康预期寿命，起到实现开发老年人力资源、支持延长退休年龄、发展银发经济等社会目标的作用。

1.3 概念的界定

1.3.1 健康

健康的概念是对健康本质的理解和表达。半个多世纪以来，人们对健康的内在价值和工具价值的理解不断深入。受社会文化和社会认知的影响，对健康的理解和定义各有不同，但是普遍认同健康具有自然和社会的双重属性，包含了身体健康、心理健康和社会适应三个要素。健康既受到遗传、年龄、性别等自然因素的影响，也受到教育、文化、收入等社会因素的影响。随着时代和环境的变化，社会经济持续发展，社会对健康的认知也在不断深化。我国《现代汉语词典》曾将健康解释为“（人体）生理机能正常，没有缺陷和疾病”。[①] 这一定义是以患病和治病为中心的传统健康观，将健康理解为无缺陷和不生病，“健康行为”等同于对“患病行为”的控制，后者被界定为“那些感到病痛的人为确认并摆脱该疾病而进行的活动”，这些“活动”表现

① 中国社会科学院语言研究所词典编辑室，现代汉语词典［M］．北京：商务印书馆，1983：558。

为“大多数人在患病或受伤时会向医生寻求帮助”。[①] 健康行为被简化为求助于医生以摆脱病痛，相应的卫生政策分析重点集中于医疗卫生服务的提供。

伴随人类文明的进步，对健康与疾病的认识逐渐深化，形成了现代化健康观。1948 年，世界卫生组织（World Health Organization，WHO）将健康定义为“健康不仅是没有疾病或者虚弱的现象，而是生理和心理以及社会适应方面都处于完好状态”。这一定义具有开创性意义，克服了将健康定义为没有疾病的负面定义综合了社会、心理、生理等因素在决定个人健康方面的重要作用，[②] 不但强调了健康对于个人在社会中生存和发展的重要性，还对个人健康在社会中的作用和意义给予了肯定。健康是生理、心理和社会适应三个方面全部良好的一种状态，这一定义逐渐得到国际社会的关注和认同，甚至推动医学社会学[③]这门学科转型为健康社会学，催生了很多健康社会政策。

但是，世界卫生组织的健康概念因为太过宽泛、难以测量和操作而饱受诟病，尤其在欧洲国家遭到广泛质疑。欧洲各国以世界卫生组织的健康概念为基础，开展了应对老年病和慢性病的健康干预项目，在项目验收时却发现，由于健康概念太过理想化，难以操作为可测量的验收标准，健康概念需要重构。英国学者伊恩·劳（Iain Law）运用阿马蒂亚·森（Amartya Sen）和玛莎·努斯鲍姆（Martha C. Nussbaum）的发展理论，证明从能力视角界定健康的合理性，建议采纳能力健康概念进行健康服务领域决策和健康促进。[④] 2011 年，14 名学者联名在《英国医学杂志》（*BMJ*）发表题为《该如何定义健康》[⑤] 的论文，指出世界卫生组织的健康概念存在三个重要局限。一是它支持医疗技术和制药行业与专业组织合作定义疾病，扩展了医疗体系范围，无意中促成了社会医疗化。在巨大利润的刺激下，制药行业开拓“最大化治疗的

---

① 考克汉姆．医疗与社会：我们时代的病与痛［M］．高永平，杨渤彦，译．北京：中国人民大学出版社，2014：78－138.

② 从生物学角度检查身体器官功能，测量各项指标正常与否；从心理角度判断其有无控制力，能否正确对待外界影响；从社会学角度看其社会适应性、人际关系与应付各类事件的能力等。

③ 医学社会学是以医学中的社会学问题和社会学中的医学问题为研究对象，研究医药活动中的各种社会关系以及医药活动与其他社会活动之间的关系的科学。

④ LAW I，WIDDOWS H. Conceptualising Health：Insights from the Capability Approach［J］．Health Care Analysis，2008，16（4）：303－314.

⑤ HUBER M，KNOTTNERUS J A，GREEN L，et al. How should we define health？［J］．BMJ（clinical research ed.），2011，343（jul26 2）：d4163.

销售”模式，形成“制药公司来决定人的健康”的局面。[①] 二是随着人口老龄化和疾病模式的改变，这一概念“最小化了人类自主应对生活中不断变化的身体、情感和社会挑战的能力，以及在慢性疾病或残疾中实现自我满足和幸福感的能力”，与健康目标相背离。三是不切实际，因为所谓的“完好”既不可操作也难以测量。这些局限性深刻地影响了医药卫生政策，因此有必要重新定义健康。该论文从能力角度提出能力健康的新概念，即“个体在面临社会、生理和心理挑战时的自我管理和适应能力”，能力健康包括生理健康、心理健康和社会健康三层含义：生理健康是指个体能够在经历环境变迁时维持自身生理系统相对稳态的能力；心理健康是指个体在面临困境时保持可理解、可管理、有意义的意识统合能力；社会健康是指个体具备参与社会生活、实现自身潜能和履行社会义务的能力。论文对能力健康概念的测量问题进行了探讨，指出虽然能力健康概念的测量需要针对不同的研究或政策目的进行设计，但目前已经开发出来的生理功能、心理功能、社会功能量表都为能力健康概念的测量奠定了坚实的基础，因此，从能力角度界定健康，较之世界卫生组织“完好状态”的健康概念更具有合理性。

受到相关研究与现实反思的影响，世界卫生组织在2015年发布的《关于老龄化与健康的全球报告》中，重新界定了“健康是人能够完成他们认为重要的事情所具备的根本属性和整体属性”。[②] 健康状况不是仅仅由身体状况决定的，而是由自身内在能力、所处外部环境以及两者之间的相互影响共同决定的，是社会、经济、文化、环境等因素综合作用的结果，这与阿马蒂亚·森的可行能力理论是一致的。基于阿马蒂亚·森的可行能力理论框架，联合国开发计划署（UNDP）将对发展的认识带回到经济学最初的关注上，提出经济增长只是发展的手段，而人类的福祉是发展的真正目的的观点。

1.3.2 健康老龄化

社会对健康的认识直接影响着对健康老龄化的理解。健康老龄化在学术和政策领域广泛使用，但是对其定义、组成和测量方法却一直缺乏共识。

---

① DUMIT J. Drugs for Life: How Pharmaceutical Companies Define Our Health [M]. Durham: Duke University Press, 2012.

② World Health Organization. World Report on Ageing and Health [R]. Geneva: WHO, 2015: 27.

1987 年 5 月召开的第 40 届世界卫生大会，首次提出健康老龄化概念，目标就在于保障老年人生命质量的同时延长其生命长度，将健康老龄化的决定因素作为主要的研究课题。1990 年，世界卫生组织在哥本哈根世界老龄大会上将健康老龄化作为应对人口老龄化的发展战略。1993 年，国际老年学协会第 15 届老年学世界大会在布达佩斯召开，将"科学要为健康老龄化服务"作为会议主题。此后，健康老龄化研究日益活跃和深入，从医疗保健和老龄化过程中的老年健康问题入手，探讨如何缩短带病生存期，使老年人以正常的功能健康地存活到生命终点。2002 年，世界卫生组织又在健康老龄化的基础上增加了保障和参与两个维度，构建了"积极老龄化"的政策框架。

社会对待人口老龄化有悲观和乐观两种态度，悲观态度认为老龄化必然导致老年人总体发病率的提高和不能自理期的延长，加重社会负担，降低社会活力。乐观态度则将老龄化视为现代人口转变中必然经历的现象，人类可以通过各种方法和机制，将老龄化的负面影响降到最低。[①] 世界卫生组织对老龄化持乐观态度，在 2015 年发布的《关于老龄化与健康的全球报告》中，将健康老龄化定义为"发展和维护老年健康生活所需的功能和功能发挥的过程"，这一过程包括内在能力（Intrinsic Capacity）和功能发挥（Functional Ability）两个核心要素。内在能力是指个体以基因遗传为基础，受个体特征影响的生理与心理健康功能的整合，即个体在任何时候都能动用的全部身体技能和脑力的组合。功能发挥是指个体以内在能力为基础，与环境互动以实现个体价值的过程，即能够按照自身观念和偏好来生活和行动。健康由个人内在能力与相关环境特征以及两者之间的相互作用构成。环境则包括个体生活背景从宏观到微观的所有外界因素，即医疗卫生政策、建筑环境、社会态度等。

作为世界上老年人口数量最大、老龄化进程明显加快的国家，我国积极应对人口老龄化势在必行。20 世纪 90 年代初，老年人口学家邬沧萍教授将健康老龄化理论引入我国，学术界自此展开了健康老龄化中国化的研究。随着人口老龄化的挑战日益严峻，政府也将健康老龄化纳入国家整体战略布局。2016 年 10 月，中共中央、国务院印发《"健康中国 2030"规划纲要》，明确

① 邬沧萍，姜向群．"健康老龄化"战略刍议［J］．中国社会科学，1996（5）：52－64.

提出推动老年医疗卫生服务体系建设等多项举措，旨在促进健康老龄化。2017年3月，国家卫生计生委、国家发展改革委等13部门联合印发《“十三五”健康老龄化规划》，进一步提升了健康老龄化战略在我国宏观战略布局中的地位，提出从生命全过程的角度，从生命早期开始，对所有影响健康的因素进行综合、系统的干预，营造有利于老年健康的社会支持和生活环境，以延长健康预期寿命，维护老年人的健康功能。

本研究使用世界卫生组织对健康老龄化的定义，即“发展和维护老年健康生活所需的功能和功能发挥的过程”。健康老龄化的政策目标是使老年人的内在能力发展轨迹达到最佳状态，实现最大限度的功能发挥。老年期的健康状态是其生命历程中不同阶段健康存量不断累积和消耗的结果，健康老龄化体现了贯穿生命始终的健康加权过程。实现健康老龄化需要维护全生命周期的健康状态。只有当老年人所处环境的各个方面以整合的方式共同发生作用，才能实现健康老龄化。

1.3.3 医养结合

医养结合即医疗卫生与养老服务相结合，国际上与之相近的有英美国家提倡的“整合照料”以及日本提倡的“医疗与介护连携”等概念。医养结合模式有三种：一是“整合”模式；二是“合作”模式；三是“辐射”模式。

医养结合的服务对象是全体老年人，不同生命阶段的老年人均有医养结合服务的需求。医养结合服务内容包括疾病预防、健康干预、长期照护、临终关怀等多元服务。医养结合服务载体包括老年人家庭、社区、各级各类养老机构、各级各类医疗卫生机构。医养结合的目标是满足不同健康状况老年人的多元化需求，以实现健康老龄化：对于内在能力强而稳定的自理老年人，医养服务的重点是进行以疾病预防为主的健康管理，尽可能长久地维持和强化其身心功能，延迟其进入半失能状态；对于能力已经开始衰退的半失能老年人，医养服务的重点是进行慢病管理和康复管理，使疾病对个体总体功能的影响最小化，阻止、延缓或扭转其功能衰退；对于能力严重衰退的失能老年人，医养服务的重点是进行长期照护和安宁疗护，保障他们的基本权利和自由。

1.4 研究方法与内容

1.4.1 健康老龄化背景下的医养结合

首先，分析我国人口老龄化的特征，主要表现为以下几方面：一是老年人口数量大，二是老龄化速度快，三是高龄人口比例持续增加，四是老年人口健康水平不高。我国人口老龄化整体表现为超大规模、超快速度和超重负担，积极应对人口老龄化是我国面临的巨大挑战。

其次，运用能力健康和可行能力理论、病残压缩理论、活跃理论和生命周期理论解读健康老龄化，提出健康老龄化以老年人的自主生活能力需要为导向，以延缓老年人自主生活能力衰退以及帮助其恢复或提高能力为目标。

最后，提出医养结合是实现健康老龄化的有效途径。老年人健康的动态变化极为复杂，体现在老年人身心功能的变化上。制定老龄化的卫生健康策略不仅要避免和弥补伴随着老龄化出现的功能损失，还要提升个体适应能力，加强社会心理方面的服务。医疗卫生服务和社会服务的医养结合至关重要，是满足老年人多重需求、促进健康老龄化的重要举措。

1.4.2 医养结合政策文本分析

第一，分析自2013年以来发布的医养结合领域的34份政策文本，运用政策工具理论分析各类政策工具的使用情况，总结医养结合政策的整体发展趋势。第二，选择其中最重要的两份纲领性医养结合政策文本，进行对比分析，总结医养结合政策存在的问题，表现为三重三轻的状态：重环境型政策轻需求型政策、重城市轻农村、重机构轻居家社区，提出完善医养结合的政策建议。

1.4.3 北京市医养结合试点现状分析

北京市东城区、海淀区和朝阳区被定为国家级医养结合试点单位。借助首都在医疗卫生、养老、教育、金融等领域的资源优势，各区根据本区老年人口状况和医养服务资源，探索出各具特色的医养结合模式。全面梳理分析北京市医养结合试点现状和现存问题，这些问题也是各地医养结合实践中可能遇到的难点或痛点。

1.4.4 医养结合的国际经验与启示

全球人口都在快速老龄化的进程中，实现健康老龄化是全世界的共同诉求。对英国、美国、日本、新加坡四个国家的健康老龄化与医养结合案例进行分析，总结可供我国借鉴的经验。

1.4.5 医养结合促进健康老龄化的策略与路径

第一，顶层设计上，要将健康老龄化置于医疗卫生事业和养老服务事业发展的优先地位。实现健康老龄化是建设健康中国的重要基础，从社会可持续发展角度分析健康老龄化的重要战略意义。实现健康老龄化是一个复杂动态的过程，要从全人口和全生命周期的角度对所有影响健康的因素进行综合、系统的干预，营造有利于老年健康的社会支持和生活环境，维护老年人的健康功能，延长健康预期寿命。

第二，医养结合是中国特色的健康老龄化方案，政府积极推动医养结合发展，其逻辑基础是医养结合有助于实现健康老龄化。要确保医养结合有助于实现健康老龄化，必须深刻理解健康老龄化的内涵和本质，以此为标准去引导医疗资源和养老服务的结合、整合与融合。虽然医养结合提高了一部分老年人获得医疗和养老服务的便利性，但是并不能由此推断出医养结合必然能推动健康老龄化。比如医养结合引发的过度医疗影响了健康，过度照护也会导致老年人生活能力的衰退，这些都会损害健康老龄化。要在尊重健康发展规律和基本国情的基础上，进行医养结合制度设计。

第三，医养结合作为推动健康老龄化的中国方案，在实施中有两个关键要素。一是人口、养老资源、医疗资源配置等国情，决定了我国医养结合的“主战场”是社区和家庭；二是针对自理、半失能、严重失能等不同健康水平的老年人，提供不同的医养结合服务和相关配套支持，最大限度地提高所有老年人的内在能力，维护和强化其功能发挥。

2 健康老龄化背景下的医养结合

2.1 健康老龄化的相关理论

2.1.1 疏离理论与活跃理论

衰老是有机体生理功能随着时间逐渐退化的过程，是许多疾病，如神经退行性疾病、癌症、糖尿病等的风险因素。老年期生理机能退化是生物发展的客观规律，人的神经系统、感知系统、心血管系统与呼吸系统以及睡眠和行动能力等在步入老年期会逐渐衰退，社会关系也变得脆弱。此外，人口结构的变化使得高龄不再稀缺，随着信息与传播技术的快速发展，老年人也不再独有对知识和智慧的掌握，老年人倍享尊崇地位的基础日趋瓦解，有越来越多的父母和子女将彼此的分离视为一种自由，保持所谓“有距离的亲密”。

长期以来，涉及老年问题的研究聚焦于老年贫困和老年歧视等消极层面，美国学者卡明（Cumming）和亨利（Henry）于1961年提出的“疏离理论”（Disengagement Theory）[①] 是消极老龄化研究的重要代表。该理论认为，身心老化衰退是生命的必然归宿，这一预设构成了生物科学和社会科学有关老龄研究的基础，将老龄化视为一个消极过程并为之制定标准，进而认为随着生命活力的下降以及社会角色的丧失，老年人应该逐渐与社会疏离，社会权利得以有序交接，即老年人与社会“共同后撤”。老年人与社会疏离之后，其死亡对社会的破坏性会降低，这样的结果对社会和个人都有益。现代化发展进程

① CUMMING E, HENRY W. Growing Old, the Process of Disengagement [M]. New York: Basic Books, 1961. Disengagement Theory 也被译为“减少参与理论”或“撤退理论”。

中对老年群体的消极态度，构建了早期现代化理论对于老年人与社会关系的解释和分析的基础，强调老年群体的社会地位受到现代化中某些因素的影响而被削弱，他们参与社会发展的愿望日渐消退。随着年龄的增长，人的一些角色和活动丧失或削弱，是无法抗拒的自然规律。这一观念将老年等同于脆弱和脱离社会，将老年人视为被“照顾”的对象，且需要庞大的养老金、医疗保健和社会服务，因此老年人成为社会的沉重负担。老年医学家罗伯特·巴特勒（Robert Butler）认为，社会对老年人的负面消极态度源自对晚年无法逃脱的脆弱而产生的深刻关切和恐惧，这些情感转变成轻蔑与忽视，就形成了“老年歧视”。①

老龄是个体生命周期中不可避免的历程，主流社会对待老年人的态度映射出老年群体与社会关系的变化。虽然随着年龄增长，人丧失某些角色和功能是无法抗拒的自然规律，但是并非所有角色丧失都是必然且合理的。变老是生命的必然趋势，可年老并不意味着必然的脆弱，衰老因受到遗传因素和多种可控的环境因素影响，具有极大的可塑性，快速发展的生物老年学的研究数据也印证了这一观点。疏离理论因此备受争议，被批评为在客观性伪装下，鼓动老年人脱离社会，以牺牲老年劳动者社会劳动参与权为代价实现政府追求的所谓的社会体系平衡，其本质并非健康的调适，而是老年歧视和老年污名化，结果必然是消极意识主导话语权，将老年群体置于被剥夺和被排斥的病态化、边缘化的境况。针对疏离理论的局限性，美国心理学家且被誉为现代老年学之父的罗伯特·哈维格斯特教授（Robert J. Havighurst）提出了“活跃理论”（Activity Theory）。② 该理论探讨了老年人被迫从社会撤出和他们有意维持一定社会参与度之间的矛盾，认为老年人积极参与社会生活能够促进自我认知的发展。当老年人失去某些角色后，有效的调试方法是寻求新的角色或活动以维持社会关系网，以此保持一定的活动能力和价值观，避免与社会完全疏离，从而实现成功老龄化（Successful Aging），创建一个老年人的贡献大于社会投入的社会。③ 若能创造机会让老年人成为社会和经济生活中的

① BUTLER R N. Age-Ism：Another Form of Bigotry［J］. The Gerontologist，1969，9（4）：243－246.

② HAVIGHURST R J. Successful Aging［J］. The Gerontologist，1961，1（1）：8－13.

③ STEVERINK N. Successful development and ageing：theory and intervention［M］. //PACHANA N，LAIDLAW K，editors. The Oxford Handbook of Clinical Geropsychology. Oxford：Oxford University Press，2014：84－103.

活跃因素，持续创造生产力，必将会产生巨大的社会收益，而这取决于环境能否为他们继续承担社会角色提供机会。

在消极和积极的两种态度的辩论中，每种观点都肯定了某种价值主张，老年个体的健康和功能状态的多样性决定了每种观点都有其正确的部分。有些老年人很健康，有些老年人则严重失能；有些老年人能继续个人成长，有些老年人则脱离了社会。客观而言，老龄化的速度并非固定不变，年龄增长并不一定带来脆弱和病态，政策应该关注老年群体的整体变化谱。受到相关研究的影响，包括世界卫生组织在内的一些国际组织开始以更积极的态度探讨老年人角色。1997 年 6 月，在美国丹佛召开的西方七国集团首脑会议（G7 峰会）第二十三次会议上首次提出“积极老龄化”主张；1999 年 5 月，欧盟委员会通过《老龄政策公报》；2002 年 4 月，联合国第二次老龄问题世界大会发布《马德里老龄问题国际行动计划》，强调了老年人的正面形象和老龄化的积极意义，承认人生经验带来权威、智慧、尊严和克制，倡导各国积极应对人口老龄化，构建老龄战略规划体系，保障老年人的生命尊严。同年，世界卫生组织出版《积极老龄化：从论证到行动》，提出“积极老龄化”的概念，将其描述为“人到老年时，为了提高生活质量，使健康、参与和保障的机会尽可能发挥至最大效应的过程”。作为应对 21 世纪人口结构变化的重要举措，积极老龄化以尊重老年人权为出发点，以独立、参与、尊严、照料和自我实现为原则，提供友善与高品质照护服务让老年人发挥其技能、经验和智慧，在社会、经济、文化和公益事务等领域实现适当的参与，有尊严地安享晚年。

2.1.2 病残压缩理论与病残扩张理论

虽然全球人口的预期寿命都在延长，但是延长的生命质量如何？人们是既长寿又健康，还是尽管长寿了，却以较差的健康状态存活？对这些问题作出判断对于政策的制定非常重要。如果长寿伴随着健康，那么老年人口增加就是人力资源的增长，延长的健康生命能够以多种形式贡献于社会；如果长寿伴随的是能力上的种种限制和损失，且需要更多的医疗卫生服务和社会服务，那么这部分老年人口就难以继续为社会做贡献。

关于老年人口预期寿命与健康的关系，国际上有三种理论，分别是病残压缩理论、病残扩张理论和动态平衡理论。病残压缩和病残扩张示意见图 2－1。

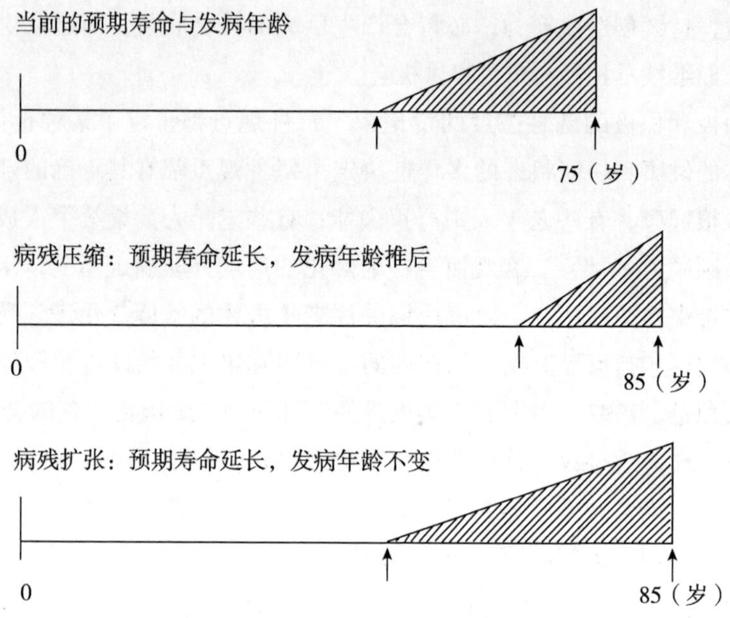

图 2-1 病残压缩和病残扩张示意

一是“病残压缩理论”（Compression of Morbidity Theory）[①] 是斯坦福大学医学教授詹姆斯·弗里斯（James F. Fries）于 1980 年提出的。弗里斯教授进行了一项关于健康的开创性研究，他对宾夕法尼亚大学 1700 多名校友进行了二十多年的跟踪研究，得出研究结论：经常运动、不吸烟和控制体重的人，病态年限会被大幅延迟。弗里斯教授据此提出病残压缩理论，即随着社会经济发展、医疗技术水平提高和生活方式的改善，老年人口在寿命延长的同时，能够推迟慢性病或残障发生的时间，一些主要的身体功能丧失现象被压缩在死亡前的很短时间段内，从而缩短带病生存期。

“病残压缩”一方面延长了寿命，这是一个胜利，如图 2-1 所示，预期寿命从 75 岁增加到 85 岁；另一方面，延长的寿命中带病的时间被缩短了，即发病年龄延后了，这是另一个胜利。因此，病残压缩又被称为“胜利的胜利”（Success of Success）。

与“病残压缩”相关的一个重要概念是健康预期寿命（Healthy Life Ex-

① FRIES J F. The Compression of Morbidity [J]. The Milbank Memorial Fund Quarterly. Health and Society, 1983, 61 (3): 397-419.

pectancy)。病残压缩理论证明了衰老具有很强的可塑性（Plasticity of Aging)。[①] 在初级保健系统中增加可及性高的康复服务，能够为个人和社会带来巨大的成本效益。虽然器官储备的减少是不可避免的，但是增加器官储备也比较容易。比如，高龄人群通过合理运动可以显著增加心肺储备。研究证明，通过有效的预防和生活方式的改善等，人体的心脏储备、肺储备、身体耐力、体力、智力、社会能力等多种变量都是可以得到提升的。病残压缩理论成为健康老龄化政策的主要范式。

二是“病残扩张理论”（Expansion of Morbidity Theory）（Gruenberg，1977)，即老年人寿命延长的同时，因医疗条件和生活水平的改善使得健康状况较差的老年人的存活率得以提高，按照以前的医疗和生活水平可能会死亡的高龄老年人被“救活”，导致高龄老年人群残障率的提高以及带病生存时间的延长，这被称为“胜利的失败”（Failure of Success)。如图 2 - 1 所示，预期寿命从 75 岁增加到 85 岁，这是所谓的“胜利”，但是发病年龄没变，导致带病时间延长，即所谓的“失败”。

三是“动态平衡理论”（Dynamic Equilibrium Theory)，认为病残压缩和病残扩张两种趋势共存并相互作用而达到某种平衡（Manton，1982；Robin，2004)。虽然有证据显示老年人的寿命正在延长，尤其是在高收入国家，但延长的这段寿命的生命质量如何却尚不清楚。病残年限被压缩了还是被扩张了，不同的研究得出了不同的结论。很多国家开展了基于数据的分析，一些研究发现65 岁以上人群严重失能的比例下降了，但是患有慢性病的比例却上升了。研究发现，过去 20 年间，中国老年人的日常生活自理能力残障率在下降，支持了“病残压缩理论”（顾大男、曾毅，2006；Martin，et al.，2014)；也有研究显示，中国老年人的生活自理能力残障比例可能在增长（杜鹏、武超，2006)，支持了“病残扩张理论”；其他研究也用实证数据分析证明了病残压缩理论效应和病残扩张理论效应在中国高龄老年群体中同时存在并产生协同效应（曾毅、冯秋石，2017)。

近期，多项研究指出，尽管老年人口正在享受寿命延长以及日常生活自理能力等健康指标的改善，即收获“胜利的效益”，但是另外一些健康指标，比

---

① WILLS T A. Basic Processes in Helping Relationships ［M］. London：Academic Press，1982.

如躯体功能和认知功能水平却在变差，即需要付出“胜利的成本”（Parker，et al.，2005；Parker，Thorslund，2007；Dodge，et al.，2012；Chan，et al.，2013；Christensen，et al.，2013；Wu CY，et al.，2014；Verbrugge，et al.，2016；Zeng，et al.，2017）。中国和许多国家一样面临快速老龄化，而且高龄老年人数量增长快于任何其他年龄组，所付出的“胜利的成本”更巨大。“中国老年人健康长寿影响因素调查”（CLHLS）数据表明，我国老年人的生存质量和死亡质量都偏低，表现为治疗不及时与过度治疗导致的资源错配，长期照护资源和临终医护资源稀缺与分布不均是主要原因（张韵、陆杰华，2017）。

现有研究认为，人口老龄化给健康老龄化战略的实现带来严峻挑战，在收获寿命延长带来的“胜利的效益”的同时，尽可能降低功能损失带来“胜利的成本”，需要积极探索降低病残发生率，将带病状态推迟到生命终末期，推动健康老龄化的实现。

2.1.3 可行能力理论与健康权利理论

可行能力是阿马蒂亚·森的分配正义理论的核心概念，是自由平等的个体实现其人生价值的实质自由。森以“可行能力”和“以自由看待发展”的视角，将健康视为一种重要的人类“可行能力”以及“一种非常基本的自由”。[①] 可行能力平等的三个要素是能力、自由和可能的生活内容。基于可行能力平等观，森构建了平等主义理论，每个人都享有平等的自由发展的机会，都可以通过自身的能力发挥自身潜能。实现可行能力的平等，要打破制度性和机会性的不平等。健康属于人的发展范畴，可行能力理论认为，发展的本质是可行能力的提高，可行能力理论验证了能力健康概念的合理性。

能力健康概念的提出，最早可以追溯到法国医学哲学家乔治·康居朗（Georges Canguilhem）于1966年出版的《常态与病态》（*The Normal and the Pathological*），该书指出，健康不是一种可以用统计学方法或机械方法测量的实体，而是个体适应自身所处环境的能力。健康的内涵对每个个体而言都不相同，具体含义取决于他们各自的特殊境况。因此，何为健康不应该由医生

---

① 阿马蒂亚·森．以自由看待发展［M］．任赜，于真，译．北京：中国人民大学出版社，2012.

来界定，而应该由每个人按照自己对功能的需求来界定，医生的作用是帮助求助者适应个人的主要境况。① 瑞典医学哲学家莱纳德·努登费尔特（Lennart Nordenfelt）在1987年出版的《健康本质——基于行动理论的视角》（*On the Nature of Health: An Action-Theoretic Approach*）对能力健康概念进行了更系统的研究，提出“健康是一个在标准环境中的人有能力实现他的重要目标，以便获得最低限度的幸福快乐”。② 在社会学领域，社会学理论家塔尔科特·帕森斯（Talcott Parsons）从作为社会行动者的人出发，提出“健康可以解释为以社会化的个人完成角色和任务的能力处于较为适当的状态”。③

健康权是人基于自然属性和社会属性而享有的权利，能够有效促进人的尊严、独立和自主，包括广泛地能够创造相关条件以促进人们健康生活的社会经济因素，并延伸到健康的潜在决定因素，如食品与营养、住房、安全的饮用水，适当的卫生环境、安全和健康的工作条件、有益于健康的支持性环境。④ 联合国1966年通过的《经济、社会及文化权利国际公约》第12条对健康权作出了明确规定，指出健康权是人人享有可能达到的、最高标准的身体健康和精神健康的权利。我国是该国际公约的缔约国，国家通过实施一系列法治措施，尊重、实现和保护国民的健康权。健康权是关系现代化建设全局的重大战略任务，是由多样化组织与多种规则集合而成的内在联系的多层次和多结构的体系，是国家、社会、个人共同参与和协同合作的现代化国家战略。⑤

我国公民健康权保障的实践经历了曲折的过程。改革开放前，在经济发展水平较低的情况下，我国的医疗卫生创造了“以最少投入获得最大健康收益”的“中国模式”，赢得了国际社会的赞誉。经济体制改革以后，医改走市场化和商业化路线。运用经济手段管理卫生事业，卫生部门也要按经济规律

① THE LANCET. What is health? The ability to adapt [J]. The Lancet, 2009, 373 (9666): 781.

② NORDENFELT L. On the Nature of Health: An Action-Theoretic Approach [M]. London: Springer, 1987.

③ 沃林斯基. 健康社会学 [M]. 孙牧虹，等译. 社会科学文献出版社，1999: 124.

④ HALL P. The right to the highest attainable standard of health [J]. The Lancet, 2015, 386 (9995): 738 – 739.

⑤ 杜厚扬，陈岚. 国际人权法视野下中国健康权保障的制度实践与完善 [J]. 思想战线，2021, 47 (2): 164 – 172.

办事等成为医改的指导思想。经过三十多年的改革，医疗卫生体制改革虽取得了一定成绩，但整体而言是不成功的。2009 年 4 月，新医改方案提出“坚持以人为本，把维护人民健康权益放在第一位”的原则，坚持医疗卫生服务公益性的基本方向，坚持保基本、强基层、建机制的基本策略。从坚持以商业化、市场化为导向，到维护公民的健康权益，这是我国医药卫生体制改革指导思想和价值观念上的重大转换。将维护公民的健康权利作为新医改的价值目标，对于完善国民健康政策具有重要的理论和实践意义。①

2020 年 6 月 1 日正式实施的《中华人民共和国基本医疗卫生与健康促进法》在民法典和行政法框架下，对公民健康权保护进行了专门性规定。该法第四条指出：国家和社会尊重、保护公民的健康权。国家实施健康中国战略，普及健康生活，优化健康服务，完善健康保障，发展健康产业，提升公民全生命周期健康水平。国家建立健康教育制度，保障公民获得健康教育的权利，提高公民的健康素养。以法律科学全面地保障公民健康权，是实现健康老龄化的重要支撑。

2.2 人口老龄化与老龄化轨迹

2.2.1 人口老龄化现状与趋势

2021 年 5 月 11 日，国家统计局、国务院第七次全国人口普查领导小组办公室发布《第七次全国人口普查公报》，普查结果显示，截至 2020 年 11 月 1 日零时，我国总人口为 14.12 亿人，约占全球总人口的 18%，是世界第一人口大国，与 2010 年相比，增加了 7205 万人，增长 5.38%，年均增长率为 0.53%，这一增量比从 2000 年“五人普”到 2010 年“六人普”的 10 年间，增速下降 0.04 个百分点。数据表明，我国人口 10 年来继续保持低速增长态势，人口惯性增长阶段渐近尾声，人口零增长乃至负增长的时代渐行渐近。

全国人口中，0～14 岁人口为 2.53 亿人，占 17.95%；15～59 岁人口为 8.94 亿人，占 63.35%；60 岁及以上人口为 2.64 亿人，占 18.70%，其中 65

---

① 赵福昌．公民健康权及其制度保障研究［D］．济南：山东大学，2013.

岁及以上人口为1.91亿人，占13.50%。与2010年第六次全国人口普查相比，0~14岁人口的比重上升1.35个百分点，15~59岁人口的比重下降6.79个百分点，60岁及以上人口的比重上升5.44个百分点，65岁及以上人口的比重上升4.63个百分点。[①] 我国人口老龄化[②]程度不断加深，人口生育率仅为1.30%，少子高龄化趋势加快，我国60岁及以上人口的比重达到18.70%，其中65岁以上人口占比13.50%，距离14%这一深度老龄化社会的标准仅一步之遥。我国人口老龄化的特点主要有以下几个方面：

第一，老年人口规模大。我国60岁及以上人口超过2.64亿人，其中，65岁及以上人口1.91亿人。全国31个省区市中，有16个省区市的65岁及以上人口超过500万人，其中有6个省区市的老年人口超过1000万人。见表2-1。

表2-1　全国各地区人口年龄构成　单位:%

地区	比重			
	0~14岁	15~59岁	60岁及以上	其中：65岁及以上
全　国	17.95	63.35	18.70	13.50
北　京	11.84	68.53	19.63	13.30
天　津	13.47	64.87	21.66	14.75
河　北	20.22	59.92	19.85	13.92
山　西	16.35	64.72	18.92	12.90
内蒙古	14.04	66.17	19.78	13.05
辽　宁	11.12	63.16	25.72	17.42
吉　林	11.71	65.23	23.06	15.61
黑龙江	10.32	66.46	23.22	15.61
上　海	9.80	66.82	23.38	16.28

① 资料来源：国家统计局，第七次全国人口普查主要数据情况，http：//www.stats.gov.cn/tjsj/zxfb/202105/t20210510_1817176.html。

② 据联合国人口统计标准，衡量人口老龄化有三个指标：0~14岁人口比重低于30%、65岁以上人口超7%、中位年龄超过30岁。各国在人口统计中，通常把65岁及以上人口比重超过7%或60岁及以上人口比重超过10%作为老龄化的标准。本研究的老龄化标准采用65岁口径。

续表

地区	比重			
	0～14岁	15～59岁	60岁及以上	其中：65岁及以上
江　苏	15.21	62.95	21.84	16.20
浙　江	13.45	67.86	18.70	13.27
安　徽	19.24	61.96	18.79	15.01
福　建	19.32	64.70	15.98	11.10
江　西	21.96	61.17	16.87	11.89
山　东	18.78	60.32	20.90	15.13
河　南	23.14	58.79	18.08	13.49
湖　北	16.31	63.26	20.42	14.59
湖　南	19.52	60.60	19.88	14.81
广　东	18.85	68.80	12.35	8.58
广　西	23.63	59.69	16.69	12.20
海　南	19.97	65.38	14.65	10.43
重　庆	15.91	62.22	21.87	17.08
四　川	16.10	62.19	21.71	16.93
贵　州	23.97	60.65	15.38	11.56
云　南	19.57	65.52	14.91	10.75
西　藏	24.53	66.95	8.52	5.67
陕　西	17.33	63.46	19.20	13.32
甘　肃	19.40	63.57	17.03	12.58
青　海	20.81	67.04	12.14	8.68
宁　夏	20.38	66.09	13.52	9.62
新　疆	22.46	66.26	11.28	7.76

资料来源：国家统计局 国务院第七次全国人口普查领导小组办公室，第七次全国人口普查公报（第五号）——人口年龄构成情况，http://www.stats.gov.cn/tjsj/zxfb/202105/t20210510_1817181.html。

我国地域广阔，人口老龄化程度呈现由西至东、由南向北递增的特点。全国31个省（自治区、直辖市）中，15～59岁人口比重在65%以上的省区市有13个，在60%～65%的省区市有15个，在60%以下的省区市有3个。65岁及以上老年人口比重，西藏最低，为5.67%，其他30个省区市均超过7%，其中，12个省区市65岁及以上老年人口比重超过14%，达到深度老龄化社会的标准。见图2－2。

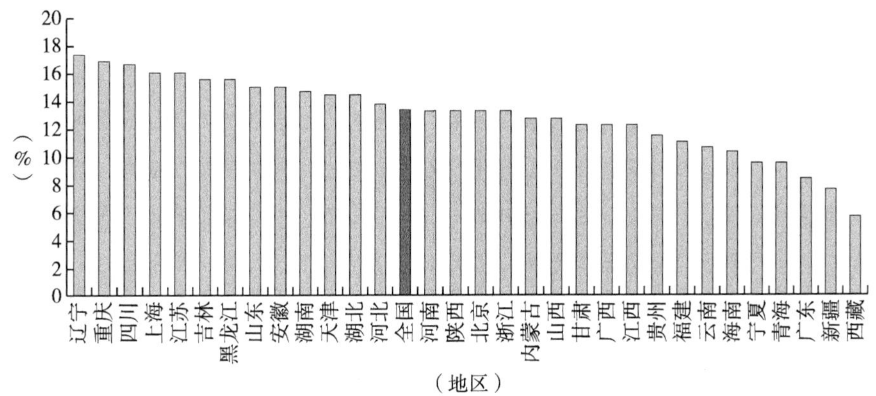

图2－2 全国及各地区人口老龄化（65岁以上）情况

资料来源：根据《第七次全国人口普查公报》数据绘制。

第二，老龄化进程明显加快。2010—2020年，60岁及以上人口的比重上升了5.44个百分点，65岁及以上人口的比重上升了4.63个百分点。与2000—2010年相比，上升幅度分别提高了2.51%和2.72%。我国从高出生率、高死亡率国家转变为低出生率、低死亡率国家的速度非常快，人口结构从成年型过渡到老年型①只用了18年，发达国家这一进程的时间长达数十年甚至一百多年。我国人口老龄化进程远远快于很多中低收入和高收入国家。

老龄化水平城乡和地区差异明显。农村60岁、65岁及以上老人的比重分别为23.81%、17.72%，比城镇分别高出7.99、6.61个百分点。城乡老年人口健康状况差异明显，表现在期望预期寿命与功能受限程度的不同。② 老年人的不良健康状况与贫困密切相关，城市老年人健康状况优于农村老年人。③ 不同社会经济地位的老年人之间的期望寿命、健康预期寿命和卫生服务利用情况存在巨大差异。经济困难的老年人对医疗保健的需求更大，但是与经济富

---

① 联合国根据65岁及以上人口占总人口比重，将人口年龄类型分为三类：比例小于4%以下的为年轻型，比例为4%～7%的为成年型，比例大于7%的为老年型，比例大于15%的为超老年型。

② KANEDA T, ZIMMER Z, TAG Z. Socioeconomic status differentials in life and active life expectancy among older adults in Beijing [J]. Disability and Rehabilitation, 2005, 27 (5): 241－251.

③ PARK A, SHEN Y, STRAUSS J, et al. Relying on Whom? Poverty and Consumption Financing of China's Elderly [M]. //MAJMUNDAR M, SMITH J P, editors. Aging in Asia: Findings from New and Emerging Data Initiatives. National Research Council (US) Panel on Policy Research and Data Needs to Meet the Challenge of Aging in Asia. Washington, D. C.: National Academies Press (US), 2012.

裕的老年人相比，其需求得不到满足的程度更严重。[①]

第三，老年人口质量不断提高，高龄比例也持续提高。60岁及以上人口中，拥有高中及以上文化程度的有3669万人，比2010年增加了2085万人；高中及以上文化程度的人口比重为13.90%，比十年前提高了4.98个百分点。十年来，我国人口预期寿命持续提高，高龄人口比重不断增加。联合国《世界人口展望2019》预测数据显示，2020—2035年，60~69岁低龄老年人口占全体老年人口比重从60.72%下降到53.57%，70~79岁中龄老年人口比重从28.62%上升到32.12%，80~89岁高龄老年人口比重从10.66%上升到14.47%；预计到2050年，低龄老龄人口比重下降到43.00%，中龄老年人口比重上升到33.25%，高龄老年人口比重上升到23.75%。见表2-2。

表2-2　我国分年龄段老年人占比变化情况（2020—2050年）　单位:%

年份	60~69岁	70~79岁	80~89岁
2020	60.72	28.62	10.66
2025	55.81	33.68	10.52
2030	56.53	32.12	11.35
2035	53.57	31.96	14.47
2040	45.16	38.25	16.59
2045	39.73	40.28	19.99
2050	43.00	33.25	23.75

资料来源：United Nations，Department of Economic and Social Affairs，Population Division. World Population Prospects 2019，Online Edition.

整体而言，2020—2050年，我国老年人口的结构将由发散型逐渐转向聚集型：60~69岁的低龄老人占比逐渐降低，70~79岁的中龄老人和80~89岁的高龄老人占比逐渐提高。见图2-3。

① XIE X，WU Q，HAO Y，et al. Identifying determinants of socioeconomic inequality in health service utilization among patients with chronic non-communicable diseases in China［J］. PLoS ONE，2017，9（6）：e100231.

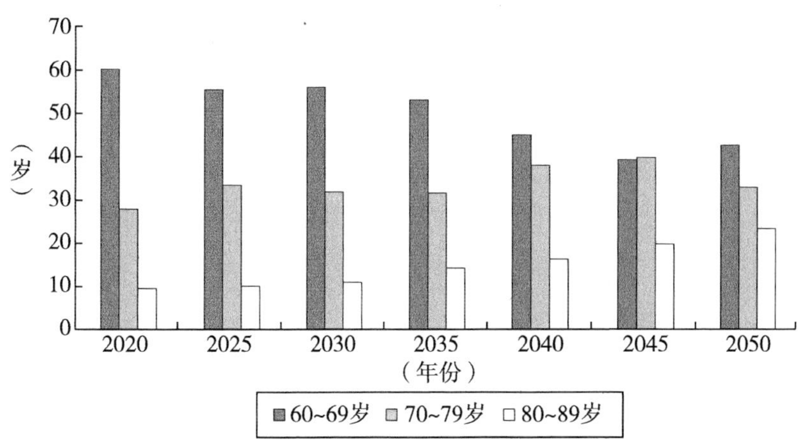

图 2－3　我国分年龄段老年人占比变化情况（2020—2050 年）

资料来源：根据表 2－2 数据绘制。

我国人口发展出现重要转折，即人口总量增长势头减弱，以人口高龄化为突出特征的人口结构性矛盾日益突出。2020 年，80 岁及以上人口有 3580 万人，占总人口的比重为 2.54%，比 2010 年增加了 1485 万人。老年人的整体健康水平随年龄增长而逐渐下降，高龄老人的增加，使得慢性病医疗支出大幅增加。随着人口老龄化进程的加快，我国的疾病谱正从以传染性疾病为主，转向以高血压、心脏病、脑卒中、癌症等慢性非传染性疾病为主。有研究显示，我国约 33% 的疾病总负担归因于 60 岁及以上老年人的健康问题，大约 50% 的非传染性疾病负担发生在 65 岁及以上人群。① 一方面，要建立可负担的、可及性高的、提供预防及支持的公共卫生系统，实施有效干预。另一方面，将改善老年人健康的非生物医学方法纳入发展议程，延缓老化、预防和治疗老年疾病，成为具有重要社会意义的问题。

第四，人口老龄化与经济发展不协调，人口健康水平不高。我国在未实现现代化、经济尚不发达的情况下进入老龄化社会，在保障老年人各项权益方面的基础较为薄弱。我国人口预期寿命与发达国家相差不大，但是在健康预期寿

① WANG S, MARQUEZ P, LANGENBRUNNER J, et al. Toward a Healthy and Harmonious Life in China: Stemming the Rising Tide of Non-Communicable Diseases [R]. Washington, D.C.: World Bank Group, 2011.

命上差距较大，表现在我国老年人失能比例远高于发达国家这一事实上。2016年，全国老龄办、民政部、财政部三部门发布第四次中国城乡老年人生活状况抽样调查成果，调查结果显示我国失能、半失能老年人约为4063万人，占老年人口的18.3%。[①] 失能失智是老龄健康的突出问题，其发生原因复杂，需要跨学科深入分析评估内部和外部因素的交互作用。构建预防失能失智的多元支持网络系统，从全人口全生命周期的视角，探索预防失能失智的对策，能够深化现有健康老龄化和积极老龄化的理论内涵。

2.2.2 老龄化轨迹与可行能力

从生物学视角来看，老化以循序渐进、终生累积的分子和细胞损伤为特点，导致身体上很多内在功能损伤和心理障碍，这些损伤和障碍增加了老年人面对环境挑战的脆弱性、患病概率和死亡风险。[②] 但是，这些变化并非线性的，也没有清晰的逻辑可遵循。在个体层面，老化的过程有明显差异，并不存在所谓“典型的”老年人。就老年群体整体而言，身体的大部分内在能力损失可以通过不同途径的干预得到补偿。一是肌肉骨骼功能和运动能力损伤，表现为握力和速度这两个指标上的变化，规律适度的体力活动可以改善关节软骨的生物力学和生物学特征。二是感官功能损伤，表现为听力和视力下降，会影响日常对话或限制活动，增加跌倒风险，引发焦虑、抑郁和认知减退，导致社交网络障碍甚至社会隔离。听力损伤可以通过减少背景噪声干扰等环境改善措施，视力损伤的干预主要是及时诊断、治疗和护理。三是认知功能损伤，表现为记忆力衰退和信息处理速度降低。认知功能损伤成因复杂，包括生活方式、经济状况、慢性病情况和用药情况等，需要在生命历程的不同阶段有针对性地进行健康管理和行为干预。四是焦虑和抑郁，主要表现为不良事件导致情感性精神障碍，是老年失能的一个重要原因，可以通过药物、心理和认知行为疗法等进行干预和治疗。

老年群体呈现诸多内在功能损伤之外，另一个突出的健康问题是多病共患。慢性非传染性疾病是导致老年人健康状况差异的主要原因。多病共存对

---

① 人民网．第四次中国城乡老年人生活状况抽样调查成果发布会在京召开［EB/OL］．（2016－10－10）［2020－7－21］http://world.people.com.cn/n1/2016/1010/c57506－28764803.html.

② KIRKWOOD T. A systematic look at an old problem［J］. Nature，2008，451（7179）：644－647.

个体功能和死亡风险的影响显著大于这些疾病的单独效应之和，产生更严重的影响。① 多病共存对身心功能的负面影响不仅取决于疾病数量，还取决于疾病之间相互作用的方式，表现为相互恶化的情况多发。尽管老年群体多病共存现象较为普遍，且情况更为复杂，但是大多数医药卫生系统的以单个器官系统为中心的单病种诊疗模式并不适合多病共存，很难有效应对这些复杂的健康状况。老年医学通过综合评估了解老年人的躯体健康、功能状态、心理健康和社会环境状况，制订以保护老年人健康和功能状态为目的的治疗计划，才能够降低引发老年健康疾病的风险因素，通过综合性医疗卫生服务促进健康行为、控制代谢危险因素，以减少老年人失能，降低死亡负担，最大限度地提高老年人的生活质量。相对于孤立地处理某种疾病，全面评估老年人的健康需求，整合各项资源，结合老年人所处的社会环境，有针对性地提供整合性照护服务，可以有效延缓机体功能下降、更好地满足需求、减少急诊和住院次数，同时提高老年人对卫生服务的满意度和获取卫生服务的能力。

健康状态是个体与所处环境之间持续相互作用的结果，表现为内在能力和功能发挥的轨迹。见图2-4。A、B、C 分别表示三条身体机能变化轨迹：A 代表了最佳轨迹，一直拥有较好的身体机能，直至生命终点；B 代表在某一时点身体机能急剧下降，随后获得部分恢复，再逐渐衰弱；C 代表身体机能一直稳定下降。A 展示了随着年龄增长，人的身体机能发展的最优轨迹，实现了健康预期寿命最大化，病残被压缩到生命最后阶段的极短的时间范围内。B 有两种替代轨迹：B1 代表如果接受了及时有效的医疗卫生服务，会使受损机能得到有效恢复，提高身体机能；B2 代表如果缺乏及时有效的医疗卫生服务，会导致损伤机能难以补偿，身体机能快速衰退。C 轨迹如果能够及时有效地接受医疗卫生服务，也会优化机能轨迹。

健康老龄化的终极目标是帮助老年人延缓自主生活能力衰退，恢复或者减少因病残造成的自主生活能力损失。人体的老化过程呈现出显著的多样性，个体层面的内在能力与年龄之间并无绝对关联。即使老年个体的内在

① MARENGONI A, ANGLEMAN S, MELIS R, et al. Aging with multimorbidity: A systematic review of the literature [J]. Ageing Research Reviews, 2011, 10 (4): 430 – 439.

能力在峰值之后开始下降，但在医疗卫生服务等因素的影响下，他们的身体机能可以得到有效代偿，有能力做他们认为重要的事情。促进健康老龄化的措施有很多，共同目标是尽可能改善功能发挥，可以通过维护和增强老年人的内在能力，也可以通过其他支持，使机能衰退的个人能够做他们认为重要的事情。制定医养结合政策，需要根据老年人的不同健康状况，提供不同的医疗卫生干预策略，才能做到有的放矢，实现医养结合促进健康老龄化的政策效应。

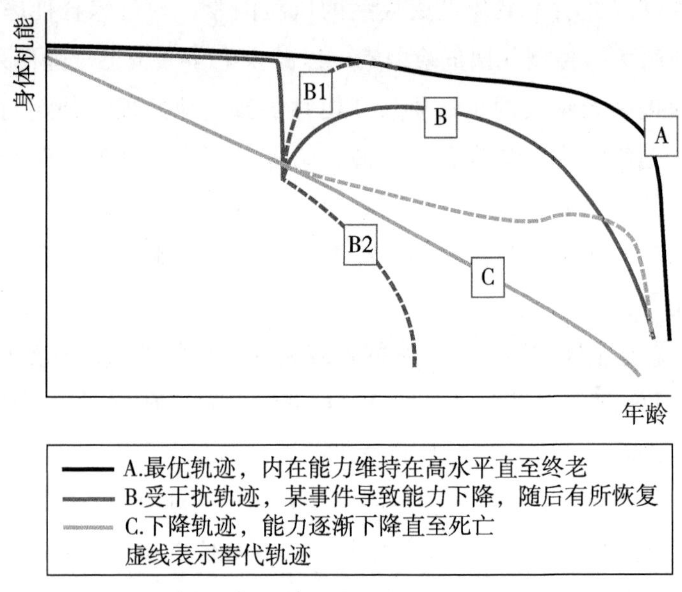

图 2－4　身体机能随年龄增加的变化轨迹

资料来源：World Health Organization. 关于老龄化与健康的全球报告。

如果老年人健康状况良好，老年人的增加就是人力资源的增长，并以多种形式对社会产生益处。如果更长的寿命伴随着能力上的诸多局限，则意味着对医疗和社会服务的更多需求，老年群体难以继续为社会作出稳定贡献。年龄的增长增加了患许多疾病的风险，对其内在能力产生重要影响。但是老年人患有某些疾病并不意味着他们不再健康，如果能够维持良好功能的发挥，就具有高水平的健康状态。老年阶段的主要疾病负担来自非传染性疾病，这些疾病的危险因素成为健康促进的重要目标。研究显示，将医疗卫生的重点放在老年人的内在能力上，比优先管理疾病更加有效。[①]

从内在能力和环境两个角度思考老年人的健康问题：一方面，身体系统在面对急性或慢性疾病挑战时，以不同程度“代偿性储备”补偿生理或修复损伤的能力；另一方面，个体在面临健康挑战时，对其行为或环境做相应的调整，改变对功能衰退的影响或减缓其速度，可以避免过度治疗和过度照护。世界上大部分国家的卫生系统设计，以更有利于治疗急性疾病为主导，对于管理老年人常见的慢性疾病所导致的相关问题并未给予特别重视。医学化的社会应对方案用医学简化论逻辑来解释、干预或治疗复杂社会境遇中的个体身心问题，忽视了人类境遇的复杂性，而后者才是个体健康问题的真正“病源学”所在。[②]

2.3 医养结合与健康老龄化

2.3.1 能力衰退与健康生产

从健康可行能力视角来看，老年人的内在能力中有25%由遗传因素决定,[③] 75%是一生中行为和风险暴露积累的结果，这些结果受到经济、社会、文化等多种因素影响,[④] 其中一个不可忽略的重要因素是医疗卫生。一个国家总体预期寿命上升的很大一部分原因来自医疗技术的进步。[⑤] 很多经验研究证实了医疗卫生服务的可及性对疾病患病率和死亡率有非常大的影响，发展中国家通过优先提供基本医疗，即使在经济低增长时期也实现了死亡率的大幅

---

① LOW L F, YAP M, BRODATY H. A systematic review of different models of home and community care services for older persons [J]. BMC Health Services Research, 2011, 11 (1): 93. EKLUND K, WILHELMSON K. Outcomes of coordinated and integrated interventions targeting frail elderly people: a systematic review of randomised controlled trials [J]. Health and Social Care in the Community, 2009, 17 (5): 447-458.

② 韩俊红. 21世纪与医学化社会的来临——解读彼得·康拉德《社会的医学化》[J]. 社会学研究, 2011, 26 (3): 229-242.

③ BROOKS-WILSON A R. Genetics of healthy aging and longevity [J]. Human Genetics, 2013, 132 (12): 1323-1338.

④ MARMOT M, FRIEL S, BELL R, et al. Closing the gap in a generation: health equity through action on the social determinants of health [J]. The Lancet, 2008, 372 (9650): 1661-1669.

⑤ PRESTON S H. The Changing Relation between Mortality and Level of Economic Development [J]. Bulletin of the World Health Organization, 2003, 81 (11): 833.

下降。[①] 诸多决定健康水平的因素综合作用，形成的总体趋势是随着年龄增长，人的内在能力逐渐衰退，大多数人会经历以下三个阶段：能力强而稳定的自理阶段、能力轻微和中度衰退的半失能阶段、能力严重衰退的重度失能阶段。不同阶段面临的风险不同，对应的干预策略和应对方法各异。见表2－3。

表2－3　老年人能力衰退阶段与应对策略

阶段	能力强而稳定（自理）	能力轻微－中度衰退（半失能）	能力严重衰退（重度失能）
风险	慢性疾病	跌倒、虚弱、感知或认知受损	基本活动受限、疼痛
目标	维持、强化现有能力	阻止、延缓或扭转机能衰退	代偿失能、维持尊严
策略	未雨绸缪、增强能力、慢性病预防早诊早治	立足初级卫生保健、解决引发能力衰退根本问题、运动、营养干预、维持现有能力	确保急诊服务可及、补偿失能、防止失能、姑息疗法、临终关怀

干预措施要与个体本身及其能力水平相适应，以使处于不同健康水平的老年人的内在能力发展轨迹达到最佳状态，维持并强化他们能达到的最好健康水平。健康具有投资品和消费品的双重属性，作为消费品，健康被需要是因为健康可以使人们的身体感觉更舒适；作为投资品，健康被需要是因为健康增加了人们可以工作的时间，从而使人们获得收入和成就感等。[②] 对于卫生经济学家和公共政策制定者而言，健康的生产是一个核心问题。经济学家迈克尔·格罗斯曼（Michael Grossman）在1972年提出了健康生产函数，[③] 构建了"良好健康"产品的需求模型，奠定了应用经济学研究健康需求问题的理论基石。该模型假设健康是一种耐用型资本存量，可以带来健康生命时间产出。个人可以继承一定的初始健康存量，随着年龄的

① SEN A. Mortality as an Indicator of Economic Success and Failure [J]. The Economic Journal, 1998, 108 (446): 1－25.

② 富兰德，古德曼，斯坦诺，著. 卫生经济学（第六版）[M]. 王健，等译. 北京：中国人民大学出版社，2011：138.

③ GROSSMAN M. On the Concept of Health Capital and the Demand for Health [J]. Journal of Political Economy, 1972, 80 (2): 223－255.

增长而减少，即健康会随着衰老而折旧，折旧率使得健康投资的吸引力变小。在现实中表现为，很多老年人不愿意进行昂贵的健康投资来维持健康存量，因为这个存量已经快速减少。健康存量可以通过购买医疗服务等投资而得到维持或提高，但是老年人需要考虑自身的消费能力。在这个框架中，健康的决定因素除了医疗价格因素，还包括教育、收入、环境、运动以及营养摄入等非医疗卫生因素。

促进老龄健康的干预措施的目标是改善老年人的功能发挥轨迹，一是增强和维护其内在能力，二是辅助身体机能衰减的个体能够做其认为重要的事情。根据老年人的内在能力变化与相应需求制定医疗卫生干预措施，在老年人健康状态从一个时期过渡到另一个时期时，相应的服务能够相互衔接，提供持续的支持。

2.3.2 将健康理念融入老龄政策

医养结合的正式提出是国务院印发的《国务院关于加快发展养老服务业的若干意见》（国发〔2013〕35 号）。早在 1994 年 5 月，民政部办公厅印发的《民政部办公厅关于开展评审国家级福利院工作的通知》（民办函〔1994〕74 号），就提出了养老机构医院化管理，这是最早提出将养老机构与医疗机构相关联的政策文本。2000 年 8 月，《中共中央 国务院关于加强老龄工作的决定》（中发〔2000〕13 号），提出各级医疗机构要大力开展多种形式的老年医疗保健服务，逐步建立起完善的社区卫生服务机构，健全老年医疗保障服务网络，提高服务质量。增加社区老年医疗保障设施，发展家庭病床，采取定点、巡回、上门服务等多种形式，为老年人提供预防、医疗、保健、护理、康复和信息资讯等服务。开展各种形式的健康教育，普及老年保健和卫生科学知识，增强老年人自我预防和保健技能。这一决定提出了家庭病床、老年医疗保障服务网络等与医养结合直接相关的内容。2002 年 1 月，北京市质量技术监督局发布了《养老服务机构服务质量标准》（DB11/T 148—2002），这是全国第一个养老服务地方标准，提出养老机构解决医疗服务的三种方法：一是成立内设医疗机构；二是与附近的社区医疗机构签订协议，由医疗机构提供医疗服务；三是与综合医院合建绿色通道，解决养老机构老年人急诊就医问题。2004 年，北京市质量技术监督局发布了《养老服务机构医务室服务质量控制规范》（DB11/T 220—2004），明确了北京市养老机构内设医疗机构如何管理和服务的问题，规范了医疗服务行为，推动了养老机构纳入医保定点单位的工作。对于中央层面的医养结合政策的出台提供了重要的参考。

2013 年 9 月，国务院印发了医养结合政策的两个指导性文件——《国务院关于加快发展养老服务业的若干意见》（国发〔2013〕35 号）和《国务院关于促进健康服务业发展的若干意见》（国发〔2013〕40 号），明确将“积极推进医疗卫生与养老服务相结合”纳入养老服务业发展和健康服务业发展的主要任务。2015 年 11 月，《国务院办公厅转发卫生计生委等部门关于推进医疗卫生与养老服务相结合的指导意见的通知》（国发〔2015〕84 号），明确提出推进医养结合的时间表，即到 2017 年，初步建立医养结合的政策体系、标准规范和管理制度，建成一批兼具医疗卫生和养老服务资质与能力的医疗卫生机构或养老机构；到 2020 年，基本建立符合国情的医养结合体制机制和政策法规体系，医疗卫生和养老服务资源实现有序共享，基本形成覆盖城乡、规模适宜、功能合理、综合连续的医养结合服务网络。

健康老龄化的重要目的是延长健康预期寿命，这也是国家医疗卫生政策的核心问题。医养结合即在养老服务中充分融入健康理念，是医疗和养老服务的模式创新。医养结合以全体老年人群为服务对象，在老年人家庭、社区、养老机构、医院等环境下，提供包括疾病预防、健康干预、长期照护、临终关怀等在内的多元服务。具体来说，对于能力完好的自理老年人，重点是预防慢性病，尽可能长久地维持当下的良好状态，尽早发现并控制疾病和危险因素，通过环境战略促进健康行为。对于能力轻度和中度衰退者，重点是阻止、延缓或者扭转机能衰退，卫生干预重点从预防或治疗疾病转变为使疾病对个体功能的影响最小化。对于能力严重衰退的重度失能老年人，重点是提供长期照护，维护其功能发挥，辅助他们有尊严地完成实现其福祉所需的基本任务。通过对不同状态的老年人提供不同的干预措施，预防、延缓、逆转老年人内在能力的下降，并在内在能力下降不可避免的情况下帮助老年人最大限度地发挥功能，将病残状态压缩到生命的最后阶段，使老年人的健康轨迹实现最优化，促进健康老龄化。

3 医养结合政策文本分析

3.1 医养结合政策的发展

3.1.1 医养结合的内涵与外延

国发〔2013〕35 号文是我国医养结合政策的指导性文件，明确将“积极推进医疗卫生与养老服务相结合”纳入未来养老服务业发展的六大主要任务之中。同年颁布的国发〔2013〕40 号文进一步提出“推进医疗机构与养老机构等加强合作”。医养结合主要有以下三种模式：一是“整合”模式，即有条件的养老机构设置医疗机构，为入住机构的老人提供医疗服务，或者医疗机构支持和发展养老服务，有条件的二级以上综合医院开设老年病科，增加老年病床数量，提供老年慢性病防治和康复护理服务。二是“合作”模式，即养老机构与医疗机构开展多种形式的协议合作，形成医疗养老联合体，比如医疗机构为养老机构开通预约就诊绿色通道，为入住的老年人提供医疗巡诊、健康管理、保健资讯、预约就诊、急诊急救等服务，确保入住的老年人能够得到及时有效的医疗服务。三是“辐射”模式，即基层医疗卫生机构与社区养老服务机构对接，医疗卫生服务延伸至社区和家庭，通过国家基本公共卫生服务项目管理信息平台，集合基层公共卫生服务开展的老年人健康管理工作，为社区和高龄、重病、失能半失能老年人等提供定期体检、上门巡诊、家庭病床等服务。

从经济学角度来看，医养结合政策的目的之一是通过资源优化整合以延长人的健康余寿，节省医疗卫生经费，减轻财政负担，这与 1994 年国际人口与发展会议上提出的促进健康的基本战略目标是一致的。从政治学和社会学视角来看，医养结合政策回应了老年人日益增长的健康养老需求与服务供给不足之间的矛盾，确立了医养结合服务供给的创新思路，体现了回应型政府维护公共利益、追求社会公正的政治伦理。

3.1.2 医养结合政策文本选择

对医养结合政策文本的筛选遵循如下原则：一是与医养结合直接相关的“指导性政策”，例如，《国务院关于加快发展养老服务业的若干意见》（国发〔2013〕35号）、《国务院关于促进健康服务业发展的若干意见》（国发〔2013〕40号）等；二是从技术、信息等角度对医养结合实际运作影响较大的“支持性政策”，如《关于加快推进健康与养老服务工程建设的通知》（发改投资〔2014〕2091号）、《国家卫生计生委办公厅关于印发老年健康核心信息的通知》（国卫办家庭函〔2014〕885号）等。根据这些原则，筛选后收集了2013—2019年共34个中央层面的医养结合政策，包括纲要、意见、通知等形式的相关政策，形成本书所研究的医养结合政策文本库。见表3－1。

表3－1　34个医养结合政策文本（2013—2019年）

序号	时间	发文机构	政策名称
1	2013年9月	国务院	国务院关于加快发展养老服务业的若干意见
2	2013年9月	国务院	国务院关于促进健康服务业发展的若干意见
3	2014年3月	国家卫生计生委办公厅	国家卫生计生委办公厅关于成立卫生计生老龄工作领导小组的通知
4	2014年6月	国家发展改革委、民政部、国家卫生计生委	关于组织开展面向养老机构的远程医疗政策试点工作的通知
5	2014年10月	国家发展改革委等10部门	关于加快推进健康与养老服务工程建设的通知
6	2014年10月	国家卫生计生委办公厅	国家卫生计生委办公厅关于印发《养老机构医务室基本标准（试行）》和《养老机构护理站基本标准（试行）》的通知
7	2014年11月	财政部、国家发展改革委	关于减免养老和医疗机构行政事业性收费有关问题的通知

续表

序号	时间	发文机构	政策名称
8	2014年11月	商务部	商务部关于推动养老服务产业发展的指导意见
9	2015年2月	民政部、发展改革委等10部门	民政部 发展改革委 教育部 财政部 人力资源社会保障部 国土资源部 住房城乡建设部 国家卫生计生委 银监会 保监会关于鼓励民间资本参与养老服务业发展的实施意见
10	2015年3月	国务院办公厅	国务院办公厅关于印发全国医疗卫生服务体系规划纲要（2015—2020年）的通知
11	2015年4月	国务院办公厅	国务院办公厅关于印发中医药健康服务发展规划（2015—2020年）的通知
12	2015年10月	中共中央	中共中央关于制定国民经济和社会发展第十三个五年规划的建议
13	2015年11月	国务院办公厅	国务院办公厅转发卫生计生委等部门关于推进医疗卫生与养老服务相结合指导意见的通知
14	2016年3月	国务院	中华人民共和国国民经济和社会发展第十三个五年规划纲要
15	2016年4月	民政部、国家卫生计生委	民政部 卫生计生委关于做好医养结合服务机构许可工作的通知
16	2016年4月	国家卫生计生委办公厅	国家卫生计生委办公厅关于印发医养结合重点任务分工方案的通知
17	2016年5月	国家卫生计生委办公厅、民政部办公厅	国家卫生计生委办公厅 民政部办公厅关于遴选国家级医养结合试点单位的通知
18	2016年6月	国家卫生计生委办公厅、民政部办公厅	关于确定第一批国家级医养结合试点单位的通知
19	2016年6月	民政部、国家发展改革委	民政事业发展第十三个五年规划
20	2016年9月	国家卫生计生委办公厅、民政部办公厅	卫生计生委关于确定第二批国家级医养结合试点单位的通知
21	2016年10月	中共中央、国务院	“健康中国2030”规划纲要
22	2017年3月	国家卫生计生委、国家发展改革委等13部门	“十三五”健康老龄化规划

续表

序号	时间	发文机构	政策名称
23	2017 年 4 月	国务院办公厅	国务院办公厅关于印发深化医药卫生体制改革 2017 年重点工作任务的通知
24	2017 年 5 月	国务院办公厅	国务院办公厅关于支持社会力量提供多层次多样化医疗服务的意见
25	2017 年 6 月	国务院办公厅	国务院办公厅关于制定和实施老年人照顾服务项目的意见
26	2017 年 6 月	国务院办公厅	国务院办公厅关于加快发展商业养老保险的若干意见
27	2017 年 8 月	国家卫生计生委	国家卫生计生委关于深化“放管服”改革激发医疗领域投资活力的通知
28	2017 年 10 月	国家卫生计生委	国家卫生计生委关于印发康复医疗中心、护理中心基本标准和管理规范（试行）的通知
29	2017 年 10 月	全国老龄工作委员会	全国老龄工作委员会关于落实《“十三五”国家老龄事业发展和养老体系建设规划》成员单位分工的意见
30	2017 年 11 月	国家卫生计生委办公厅	国家卫生计生委办公厅关于印发“十三五”健康老龄化规划重点任务分工的通知
31	2017 年 11 月	国家卫生计生委办公厅	国家卫生计生委办公厅关于养老机构内部设置医疗机构取消行政审批实行备案管理的通知
32	2017 年 11 月	工业和信息化部办公厅、民政部办公厅、国家卫生计生委办公厅	工业和信息化部办公厅 民政部办公厅 卫生计生委办公厅关于组织申报《智慧健康养老产品及服务推广目录》的通知
33	2017 年 12 月	国家中医药管理局	国家中医药管理局关于推进中医药健康服务与互联网融合发展的指导意见
34	2019 年 10 月	国家卫生健康委等 12 部门	关于深入推进医养结合发展的若干意见

3.2 34 个医养结合政策文本分析

3.2.1 医养结合政策工具：分类与特征

政策工具的研究在 20 世纪 80 年代兴起，聚焦于政策工作的类型与特征、政策工具的选择标准与影响因素、政策工具对政策效果的影响、政策工具绩效评估等方面。政策工具是达成政策目标的手段，政策工具的适当选择对政策效果至关重要。医养结合的政策工具即实现医疗卫生与养老服务有机结合的方法和途径。要分析我国医养结合中政策工具的使用和效果，首先需要了解政策工具的类型。

学术界从不同维度展开了政策工具的分类研究，在实践中应用比较广泛的有以下几种：①麦克唐纳和埃尔莫尔（McDonnell，Elmore，1986）根据政策工具所要获得的目标将政策工具分为命令性工具、激励性工具、能力建设工具和系统变化工具等四类；②豪利特和拉梅什（Howlett，Ramesh，2003）根据政府介入程度的不同，将政策工具分为强制性工具、自愿性工具和混合性工具三类；③罗斯威尔和泽福德（Rothwell，Zegveld，1985）将政策工具分为需求型、环境型和供给型等三类。其中，罗斯威尔和泽福德的分类法淡化了政策工具的强制性特点，丰富了政府角色，不仅是干预者和控制者，还是推进政策的环境营造者，凸显了需求和供给在促进政策发展中的作用。这种政策工具分类法与我国主张充分发挥社会和市场在养老服务资源配置中的主体性作用的目标相契合。因此，本书借鉴需求型、环境型和供给型三类政策工具，根据近年来中央出台的34个医养结合相关政策文本，对比分析我国医养结合政策工具的数量和结构，剖析存在的问题，为深化医养结合的政策工具规划提出对策性建议。见图3－1。

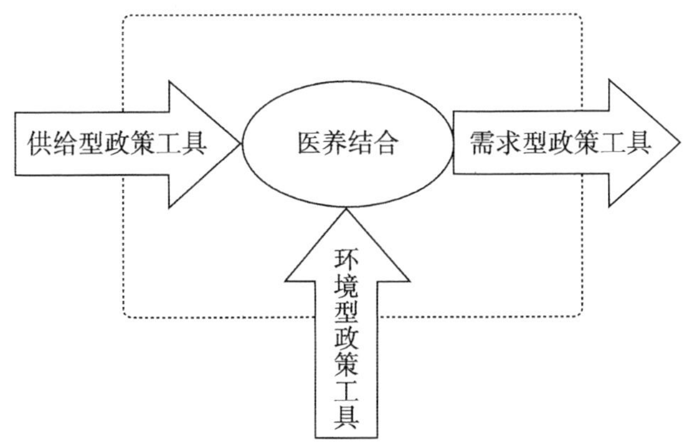

图3－1　医养结合的三类政策工具

(1) 需求型政策工具

需求型政策工具是指对医养结合形成拉力的政策，具体表现为政府通过政府采购、服务外包、海外交流等工具，降低医养结合发展中的障碍，减少外部因素对医养结合的负面影响，拉动医养结合健康有序发展。

(2) 供给型政策工具

供给型政策工具是指对医养结合形成推力的政策，具体表现为政府通过资金、技术、信息、设施、人才等方面的投入和支持，直接推动医养结合的建设和发展。

(3) 环境型政策工具

环境型政策工具是指对医养结合形成间接影响力的政策，具体表现为政府通过医养结合的目标规划、金融服务、税收优惠、法规管制、策略措施等，为医养结合营造有利的发展环境，间接推动医养结合的发展。

3.2.2 医养结合政策内容分析

内容分析法是指在对政策做系统客观的量化分析基础上，对结果加以描述。通过内容频次计算，结合相关理论阐明具体问题，得出研究结论。本书以 34 个医养结合政策为分析样本，以三类政策工具指标作为分析单元，进行人工编码，形成编码表。以表 3 - 1 中第 1 个（No. 1）和第 13 个（No. 13）政策文本即 2013 年 9 月国务院发布的《国务院关于加快发展养老服务业的若干意见》（国发〔2013〕35 号）、2015 年 11 月国务院办公厅印发的《国务院办公厅转发卫生计生委等部门关于推进医疗卫生与养老服务相结合指导意见的通知》（国办发〔2015〕84 号）为例，对政策文本进行内容分析，将医养结合相关表述进行编码。见表 3 - 2 和表 3 - 3。

表 3 - 2　　医养结合政策文本 No. 1 分析单元编码

政策内容	政策项目	内容分析单元	编号
一、总体要求	（一）指导思想	满足多样化养老服务需求	1 - 1 - 1 - 1
	（二）基本原则	统筹利用各种资源，促进养老服务与医疗等相关领域互动发展	1 - 1 - 2 - 1

续表

政策名称	政策项目	内容分析单元	编号
二、主要任务	（六）积极推进医疗卫生与养老服务相结合	促进医疗卫生资源进入养老机构、社区和居民家庭	1－2－6－1
		卫生管理部门要支持有条件的养老机构设置医疗机构	1－2－6－2
		医疗机构要积极支持和发展养老服务	1－2－6－3
		探索医疗机构与养老机构合作新模式	1－2－6－4
		对于养老机构内设的医疗机构，符合条件的，可申请纳入定点范围	1－2－6－5
		完善医保报销制度，切实解决老年人异地就医结算问题	1－2－6－6
三、政策措施	（五）完善人才培养和就业政策	加快培养老年医学等方面的专业人才	1－3－5－1
……			

表3－3　　医养结合政策文本 No. 13 分析单元编码

政策内容	政策项目	内容分析单元	编号
……			
二、基本原则和发展目标	（一）基本原则	通过医养有机融合，确保人人享有基本健康养老服务	13－2－1－1
		加快政府职能转变，积极推进购买服务，提高医养结合服务水平和效率	13－2－1－2
	（二）发展目标	到2017年，医养结合政策体系、标准规范和管理制度初步建立	13－2－2－1
		到2017年，符合需求的专业化医养结合人才培养制度基本形成	13－2－2－2
		到2017年，建成一批兼具卫生和养老服务资质和能力的医养结合机构	13－2－2－3
		到2020年，符合国情的医养结合体制机制和政策法规体系基本建立	13－2－2－4
		到2020年，综合连续的医养结合服务网络基本形成	13－2－2－5

续表

政策内容	政策项目	内容分析单元	编号
三、重点任务	（一）建立健全医疗机构与养老机构合作机制	鼓励养老机构与周边医疗卫生机构开展多种形成的协议合作，建立健全协作机制	13－3－1－1
		医疗卫生机构为养老机构开通预约就诊绿色通道	13－3－1－2
	（二）支持养老机构开展医疗服务	养老机构可设医务室或护理站，提高养老机构提供基本医疗服务能力	13－3－2－1
		养老机构设置的医疗机构，符合条件的可按规定纳入城乡基本医疗保险定点范围	13－3－2－2
……			

注：每个政策文本单独编码，按照文本编号和政策文本内的三级标题标识条文编号。表3－2和表3－3中列举的为第一个和第十三个政策文件的编码过程，其他32个政策文本与此类同。限于篇幅，本书不展示其他政策文本的编码表。

将表3－1中的34个医养结合政策文本按照表3－2和表3－3的方法及形式分别进行政策内容分析和编码，形成以条文编号为标识的编码库。按照政策工具的三类框架——需求型、供给型和环境型，对编码库进行类型归纳和计算。见表3－4。

表3－4　　医养结合政策工具分布情况

工具类型	工具名称	条文编号	数量（个）	比例（%）	总比例（%）
需求型	政府采购	12－1－8－2，13－2－1－2，13－4－1－5，16－2－1－2	4	1.59	14.34
	服务外包	N/A	N/A	0	
	市场塑造	4－3－4－1，4－3－4－2，5－3－2－2，5－4－1，13－3－4，13－3－5－1……	32	12.75	
	海外交流	N/A	N/A	0	

续表

工具类型	工具名称	条文编号	数量（个）	比例（%）	总比例（%）
供给型	资金投入	5-4-4，13-4-1-4……	5	1.99	31.87
	设施提供	6-1-1，10-6-5-4，10-6-5-5，10-6-5-7，13-4-2-1，13-4-2-2……	7	2.79	
	技术支持	13-4-5-2，30-1-5-3，30-1-5-6，32-2-2，33-2-3-1，33-2-3-3……	20	7.97	
	信息服务	13-4-5-1，16-2-2-7，30-1-18-1，30-1-18-4……	24	9.56	
	人才培养	13-4-4-1，13-4-4-2，13-4-4-3，13-4-4-4，30-1-15-1……	24	9.56	
环境型	目标规划	1-1-1，1-1-2，1-2-6-1，2-2-2-1，2-2-2-2，3-2-7-1……	25	9.96	53.78
	金融服务	5-4-3-3，5-4-3-4，13-4-1-3……	4	1.59	
	税收优惠	16-2-2-1，16-2-2-2……	2	0.79	
	法规管制	1-2-6-2，4-3-1-1，5-4-2，9-4-2，13-5-1-1，13-5-1-2，13-5-1-3……	33	13.15	
	策略措施	1-2-6-6，2-2-2-5，4-2-2-1，4-2-2-2，5-4-3-3，5-4-3-4……	71	28.29	
合计			251	100.00	100.00

注：根据34个医养结合政策文本内容进行分析和编码整理。部分数据因四舍五入，存在总计与分项合计不等的情况属合理范围。

3.2.3 医养结合政策解读

随着我国人口老龄化的进程加快，老年群体医疗卫生服务需求和生活照料需求叠加的趋势凸显，健康养老服务需求日益强劲。我国政府出台了一系列与“医养结合”相关的政策，有效回应了老龄化背景下老年人医养服务的迫切需求，确立了医养结合服务供给的创新思路，体现了国家以提高老年人身心健康和生存质量为目标的价值理念，彰显出政府执政为民的政治伦理。从2013年《国务院关于加快发展养老服务业的若干意见》和《国务院关于促进健康服务业发展的若干意见》分领域迈出医养结合普适性政策倡议的重要步伐；2014年《关于加快推进健康与养老服务工程建设的通知》、2015年《关于推进医疗卫生与养老服务相结合的指导意见》和2019年《关于深入推进医养结合发展的若干意见》，以瞄准性政策逐渐明确医养结合具体要求。这种从普适性到瞄准性的政策设计，符合政策治理规律，但现代化治理框架尚未完全建构，廓清概念的瞄准性政策尚未深入居家医养结合的刚需设计，未涉入社区医养结合的平台设计，亦未谋划相应政策匹配。

总体而言，我国医养结合政策兼顾了需求型、供给型和环境型政策工具的运用，对医养结合提供了多维度的激励和支持。定量统计数据显示，一方面，三类政策工具分布数量差距较大，环境型政策工具的占比超过一半(53.78%)，其次是供给型政策工具（31.87%），而需求型政策工具占比最低(14.34%)，反映出政府更偏好环境型政策工具，对需求型政策工具的使用严重不足；另一方面，每类政策工具内部组合结构也有很大差异，反映出各类医养结合政策工具使用不平衡。

第一，需求型政策工具严重不足。医养结合需求型政策工具表现为政策对医养结合的拉力，具体是指政府通过政府采购、服务外包、海外交流等工具，降低医养结合发展的不确定性，稳定并积极开拓医养结合的市场空间，以拉动医养结合创新和健康有序发展，促进健康老龄化社会的实现。表3-4数据显示，我国医养结合政策文本中，需求型政策工具仅占比14.34%，其中，市场塑造占比88.89%，政府采购的占比仅为11.11%，且未涉及服务外包和海外交流工具。医养结合的政府采购、服务外包和海外交流政策的严重不足或缺失，弱化了医养结合政策的引领作用，这同时也为未来需求型政策工具的使用提供了巨大的空间。

第二，供给型政策工具结构不均衡。医养结合供给型政策工具表现为政策对医养结合的推力，具体是指政府通过资金、技术、信息、设施、人才等方面的投入和支持，直接推动医养结合的建设和发展。表3-4数据显示，医养结合政策文本中，供给型政策工具比例为31.87%，占比较为适中，但是供给型政策工具的结构分布并不均衡，医养结合资金投入和设施提供占比很低，分别为6.25%和8.75%；技术支持、人才培养和信息服务三类占比较为适中，分别为25%、30%和30%。数据分析显示出“重软轻硬”的政策现状——资金和设备方面的政策支持明显弱于技术、信息和人才的政策支持。

第三，环境型政策工具结构不均衡。医养结合环境型政策工具表现为政府通过医养结合的目标规划、金融服务、税收优惠、法规管制、策略措施等，为医养结合的发展创造有利的环境，间接推动医养结合健康有序发展。表3-4数据显示，医养结合环境型政策工具占比超过一半。其中，策略措施占52.59%，法规管制占24.44%，目标规划占18.52%，金融服务和税收优惠比例偏低，分别为2.96%和1.48%。策略措施比重偏高反映出政府希望快速实现“医疗卫生与养老服务相结合”“建成一批兼具卫生和养老服务资质和能力的医养结合机构”“通过医养融合发展，确保人人享有基本健康养老服务”的目标。这类政策作为政府具体的操作措施，具有很强的指向性，比如提出“推进老年医疗卫生服务体系建设，推动医疗卫生服务延伸至社区和家庭”“健全医疗卫生机构与养老机构合作机制，支持养老机构开展医疗服务”“各地区、各有关部门要高度重视，把推进医养结合工作摆在重要位置，纳入深化医药卫生体制改革和促进养老、健康服务业发展的总体部署，各地要及时制定出台推进医养结合的政策措施、规划制度和具体方案”等策略措施，但是缺乏明确的操作细则，金融服务和税收优惠的低比例，导致政策难以落地。比如2017年8月，国家卫生计生委印发了《国家卫生计生委关于深化“放管服”改革激发医疗领域投资活力的通知》（国卫法制发〔2017〕43号），为深化“放管服”改革，推出了卫生计生领域十项重点改革措施，第一项就是取消养老机构内设诊所的设置审批，实行备案制。2017 年 11 月，国家卫生计生委办公厅印发《关于养老机构内部设置医疗机构取消行政审批实行备案管理的通知》（国卫办医发〔2017〕38 号），对取消行政审批和实行备案的管理做出了具体要求。养老机构内设医疗机构提供医疗服务的门槛降低，旨在推动机构医养结合发展，但是大部分中小型养老机构资金不足，若缺乏金融服务和税收优惠，也很难通过内设医疗机构的形式提供医疗服务。

3.3 两个核心政策文本的二维分析

政策工具是政府拥有的，用于执行政策、实现政策目标的手段和途径。[①] 医养结合政策体系由形式与结构不一的政策工具构成，基于政策工具分析医养结合政策，能够把握医养结合政策体系的特点。以医养结合的基本政策工具入手，结合医养结合政策作用的三个领域，构建 X－Y 二维框架，进行医养结合政策文本分析。

以《国务院办公厅转发卫生计生委等部门关于推进医疗卫生与养老服务相结合指导意见的通知》（国办发〔2015〕84 号）（以下简称 2015 年 84 号文）和《关于深入推进医养结合发展的若干意见》（国卫老龄发〔2019〕60 号）（以下简称 2019 年 60 号文）两个文件为样本，分析医养结合政策体系现状。2015 年 84 号文是医养结合的纲领性文件，政策层次高，对于各地医养结合实践具有重要的指导意义。2019 年 60 号文是在全国开展医养结合试点三年后，基于医养结合服务衔接不够、医养结合服务质量不高、相关支持政策措施不足等难点问题而制定的，针对性和操作性强，是当前和今后一个时期医养结合工作的指导性文件。以这两个文件为蓝本，根据政策工具理论构建分析框架，对医养结合政策文本内容进行分析单元确定和编码，统计各类政策工具的频次。结合相关理论和现实分析医养结合在政策工具选择配置中存在的问题，提出政策调整和完善的建议。

政策工具是组成政策体系的基本元素，也是进行政策分析的有效途径。

① 萨拉蒙．政府工具：新治理指南［M］．肖娜，等译．北京：北京大学出版社，2016.

政策工具的成功运用体现了价值理性、制度理性和工具理性的自洽与耦合。① 根据上文所述罗斯威尔和泽福德关于政策工具的理论，将医养结合政策体系涉及的基本政策工具分为供给型、环境型和需求型三种类型。本研究以这三种类型作为基本政策工具维度，即 X 维度。政策工具之间的结构关系及关联，是建立医养结合政策分析框架的理论基础，是利用其进行医养结合政策分析的逻辑起点。②

基本政策工具维度并不具有医养结合的典型特征，需要增加其他维度进行综合分析。制定医养结合政策是为了规范、干预和引导医养结合在不同养老领域中的发展方向和进程，因此，医养结合的作用领域也是制定政策和进行政策分析的重要因素。《国务院关于加快发展养老服务业的若干意见》（国发〔2013〕35 号）明确了我国“以居家为基础、社区为依托、机构为支撑的养老服务体系”，据此，本研究将家庭、社区和机构这三类主体作为医养结合政策分析框架的 Y 维度，分析医养结合政策在这三类主体中的作用机制和影响强度。基于医养结合政策基本工具和医养结合作用领域，构建医养结合的 X－Y 二维分析框架。见图 3－2。

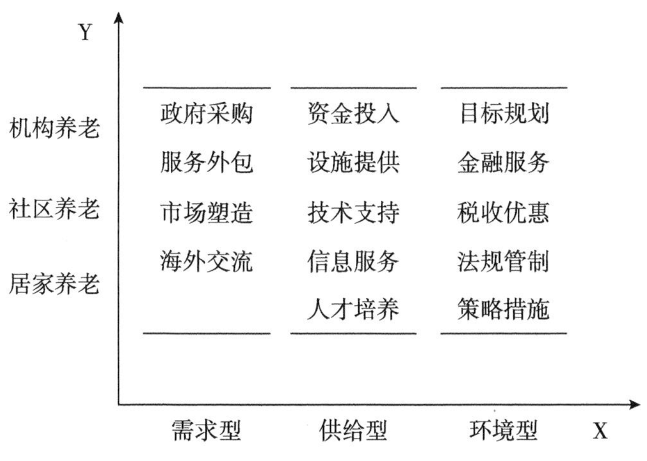

图 3－2 医养结合政策二维分析框架

① 王辉．政策工具视角下我国养老服务业政策研究［J］．中国特色社会主义研究，2015（2）：83－89.

② 赵筱媛，苏竣．基于政策工具的公共科技政策分析框架研究［J］．科学学研究，2007（1）：52－56.

3.3.1 2015 年 84 号文的政策工具分析

（1）政策文本内容分析与编码

以 2015 年 84 号文为分析样本，以 X 维度和 Y 维度中的指标作为分析单元，进行人工编码。编码原则一是对所有内容进行统一编码，原则二是内容不可细分，即每一个分析单元都是同一层意思，不可再细分。据此形成由 62 个内容分析单元构成的编码表。见表 3－5。

表 3－5　　2015 年 84 号文政策文本分析单元编码

政策名称	政策项目	内容分析单元		编号
一、基本原则和发展目标	（一）基本原则	保障基本，统筹发展	把保障老年人基本健康养老需求放在首位。对有需求的失能、部分失能老人，以机构为依托，做好康复护理服务，着力保障特殊困难老年人的健康养老服务需求	1－1－1－1
			对多数老年人，以社区和居家养老为主，通过医养有机融合，确保人人享有基本健康养老服务	1－1－1－2
			推动普遍性服务和个性化服务协同发展，满足多层次、多样化的健康养老需求	1－1－1－3
		政府引导，市场驱动	发挥政府在制定规划、出台政策、引导投入、规范市场、营造环境等方面的引导作用，统筹各方资源，推动形成互利共赢的发展格局	1－1－2－1
……	……	……	……	……
四、组织实施	（三）加强考核督查	各地区、各有关部门要建立以落实医养结合政策情况、医养结合服务覆盖率、医疗卫生机构和养老机构无缝对接程度、老年人护理服务质量、老年人满意度等为主要指标的考核评估体系，加强绩效考核		4－3－1
		卫生计生、民政部门要会同相关部门加强对医养结合工作的督查，定期通报地方工作进展情况，确保各项政策措施落到实处		4－3－2

(2) 医养结合 X 维度分析

根据 X 维度的三类基本政策工具分析，对 2015 年 84 号文的 62 个编码归类，得到政策工具分布情况。见表 3－6。

表 3－6　X 维度基本政策工具分布

基本工具类型	工具名称	条文编号	数量（个）	总比例（%）
需求型	政府采购	1－1－3－1，3－1－5，3－1－6	3	11.29
	服务外包	N/A	N/A	
	市场塑造	1－1－2－2，2－4－1，2－4－5，3－1－2	4	
	海外交流	N/A	N/A	
供给型	资金投入	N/A	N/A	29.03
	设施提供	2－5－1，2－5－3，3－2－1，……，3－2－5，4－1－7	8	
	技术支持	2－2－3	1	
	信息服务	2－3－1，3－5－1，3－5－3	3	
	人才培养	3－4－1，……，3－4－6	6	
环境型	目标规划	1－2－1，……，1－2－11，4－1－1，4－1－3，4－2－1，4－2－2	19	59.68
	策略措施	1－1－1－1，1－1－3－2，2－3－3（4、5），2－4－1，4－1－5（8）	8	
	金融服务	3－1－3，3－1－4	2	
	税收优惠	4－1－2	1	
	法规管制	2－4－2（3、4），4－1－4，4－1－9，4－3－1，4－3－2	7	
总计			62	100.00

如表 3－6 所示，2015 年 84 号文兼顾了需求型、供给型和环境型三类基本政策工具，多角度推进医养结合发展。从比例上来看，三类政策工具数量差距较大，环境型政策工具最多，占 59.68%；供给型政策工具较为适中，占 29.03%；需求型政策工具最少，仅占 11.29%。三类政策工具运用的数量差

距表明，政府更偏好用环境型政策工具促进医养结合的发展，强调政府的环境营造者角色，在增强医养结合意愿方面的推动作用较为适度，在减少医养结合障碍方面的拉动作用则相对为较小。

进一步分析可见，环境型政策工具中，目标规划占51.35%，策略措施占21.62%，法规管制占18.92%，金融服务和税收优惠占比最小，分别为5.41%和2.70%。供给型政策工具中，设施提供占44.44%，人才培养占33.33%，信息服务占16.67%，技术支持占5.56%，资金投入未被提及。需求型政策工具只有7个，市场塑造和政府采购分别为4个和3个，服务外包和海外交流未被提及。这些占比较小和没有涉及的工具，为后续政策预留了空间，在未来政策调整和优化中，应该对这些政策空间给予关注。

(3) 医养结合Y维度分析

为了进一步明确在不同养老领域中各类医养结合政策工具的配置，在X维度分析基础上，加入Y维度——医养结合三个领域的影响因素，得到图3-3所示的二维分析结果。

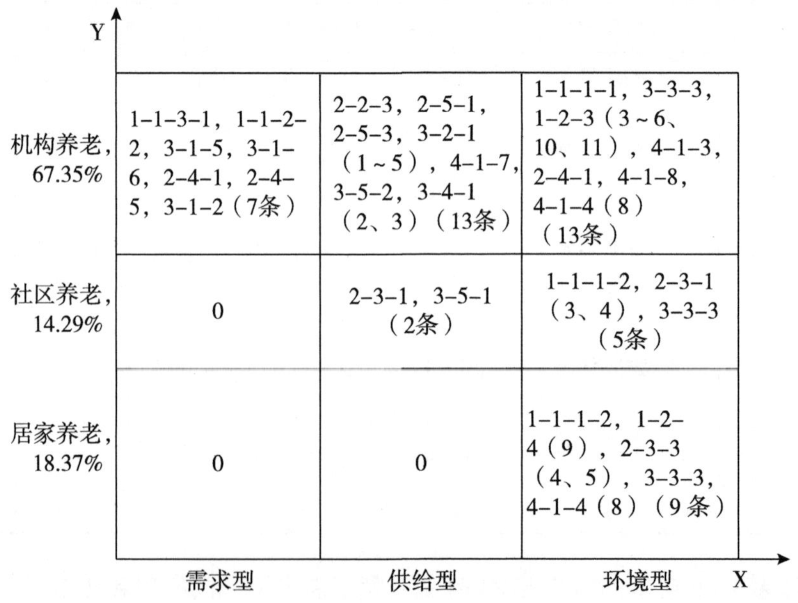

图3-3 2015年84号文二维分析结果

如图3-3所示，2015年84号文的医养结合政策大部分集中于机构养老，占67.35%；针对居家养老的医养结合政策较少，占18.37%；而针对社区养老的医养结合政策则严重不足，仅占 14.29%。可见医养结合政策集中于机构养老，针对居家养老和社区养老的医养结合政策明显不足。

针对机构养老，供给型政策和环境型政策占比较大，需求型政策占比较小，说明政策整体上注重创造养老机构开展医养结合的外部环境，积极推动机构养老的医养结合，但是对减少养老机构开展医养结合障碍的拉动作用不足；针对社区养老，以环境型政策为主，供给型政策偏少，需求型政策空白，说明政策注重营造社区开展医养结合的环境，但是直接增强社区医养结合的推动作用和减少社区开展医养结合障碍的拉动作用明显不足；针对居家养老，全部是环境型政策，说明政策注重家庭开展医养结合的外部环境，直接增强家庭医养结合的推动作用和减少家庭医养结合障碍的拉动作用缺位。

2015 年 84 号文是为了贯彻落实《国务院关于加快发展养老服务业的若干意见》（国发〔2013〕35 号）和《国务院关于促进健康服务业发展的若干意见》（国发〔2013〕40 号）等文件要求，进一步推进医疗卫生与养老服务相结合而提出的。虽然国发〔2013〕35 号文件提出医养结合要促进医疗资源进入养老机构、社区和居民家庭，国发〔2013〕40 号文件也提出发展社区健康养老服务，鼓励医疗机构将护理服务延伸到居民家庭，但是医养结合重点都聚焦于养老机构与医疗机构的合作。2015 年 84 号文的政策文本分析显示，机构养老具有医养结合政策的优先地位，而社区和居家的医养结合只设立了目标和策略，缺少具体措施，医养结合政策体系呈现“机构养老为主，社区养老和居家养老为辅”的格局，这与我国“以居家为基础、社区为依托、机构为支撑”的养老服务体系框架不匹配。

3.3.2 2019 年 60 号文的政策工具分析

（1）政策文本内容分析与编码

依照 2015 年 84 号文的政策文本分析原则与流程，对 2019 年 60 号文进行分析，形成由 66 个内容分析单元构成的编码表。见表 3－7。

（2）医养结合 X 维度分析

根据 X 维度的三类基本政策工具分析，对 2019 年 60 号文的 71 个编码归类，得到政策工具分布情况。见表 3－8。

表 3-7　2019 年 60 号文政策文本分析单元编码

政策名称	政策项目	内容分析单元	编号
一、强化医疗卫生与养老服务衔接	（一）深化医养签约合作	制定医养签约服务规范，进一步规范医疗卫生机构和养老机构合作	1-1-1
		按照方便就近、互惠互利的原则，鼓励养老机构与周边的医疗卫生机构开展多种形式的签约合作，双方签订合作协议，明确合作内容、方式、费用及双方责任，签约医疗卫生机构要在服务资源、合作机制等方面积极予以支持	1-1-2
		各地要为医养签约合作创造良好政策环境，加大支持力度	1-1-3
		养老机构也可通过服务外包、委托经营等方式，由医疗卫生机构为入住老年人提供医疗卫生服务	1-1-4
……	……	……	……
五、加强队伍建设	（二）支持医务人员从事医养结合服务	实施医师执业地点区域注册制度，支持医务人员到医养结合机构执业	5-2-4
		医养结合机构中的医务人员享有与其他医疗卫生机构同等的职称评定、专业技术人员继续教育等待遇，医养结合机构没有条件为医务人员提供继续教育培训的，各地卫生健康行政部门可统筹安排有条件的单位集中组织培训	5-2-5

表 3－8　X 维度基本政策工具分布

基本工具类型	工具名称	条文编号	数量（个）	总比例（%）
需求型	政府采购	3－2－1	1	15.49
	服务外包	1－1－4，3－2－2	2	
	市场塑造	2－2－1（1～7），4－3－7	8	
	海外交流	N/A	N/A	
供给型	资金投入	N/A	N/A	45.07
	设施提供	1－2－1（2、3、5、6），3－3－1（1～5）	10	
	技术支持	1－2－4，4－2－1（1～5），4－3－10	7	
	信息服务	1－3－1（1～4）	4	
	人才培养	5－1－1（1～6），5－2－1（1～5）	11	
环境型	目标规划	1－1－1	1	39.44
	策略措施	1－1－2（3、5、6），2－1－1（2、3），4－1－1（2），4－3－8	10	
	金融服务	3－4－1（2、3），5－2－8，4－3－9	5	
	税收优惠	3－1－1（1～4）	4	
	法规管制	2－3－1（1～5），4－3－4（5），5－2－7	8	
总计			71	100.00

如表 3－8 所示，2019 年 60 号文同样兼顾了需求型、供给型和环境型三类基本政策工具的运用，多角度推进医养结合发展。从比例来看，供给型政策工具占 45.07%，环境型政策工具占 39.44%，需求型政策工具占 15.49%。三类政策工具运用的数量差距表明，政府偏好用供给型政策工具以增强医养结合意愿，也重视政府的环境营造者角色，但是在减少医养结合障碍方面的拉动作用较小。

进一步分析可见，环境型政策工具中，目标规划占 3.57%，策略措施占 35.71%，法规管制占 28.57%，金融服务占 17.86%，税收优惠占 14.29%。供给型政策工具中，设施提供占 31.25%，人才培养占 34.38%，信息服务占 12.50%，技术支持占 21.88%，资金投入仍未被提及。需求型政策工具中，市场塑造占 72.73%，政府采购占 9.09%，服务外包占 18.18%，海外交流未被提及。

（3）医养结合 Y 维度分析

在 X 维度分析基础上，加入 Y 维度——医养结合三个领域的影响因素，得到图 3－4 所示的二维分析结果。

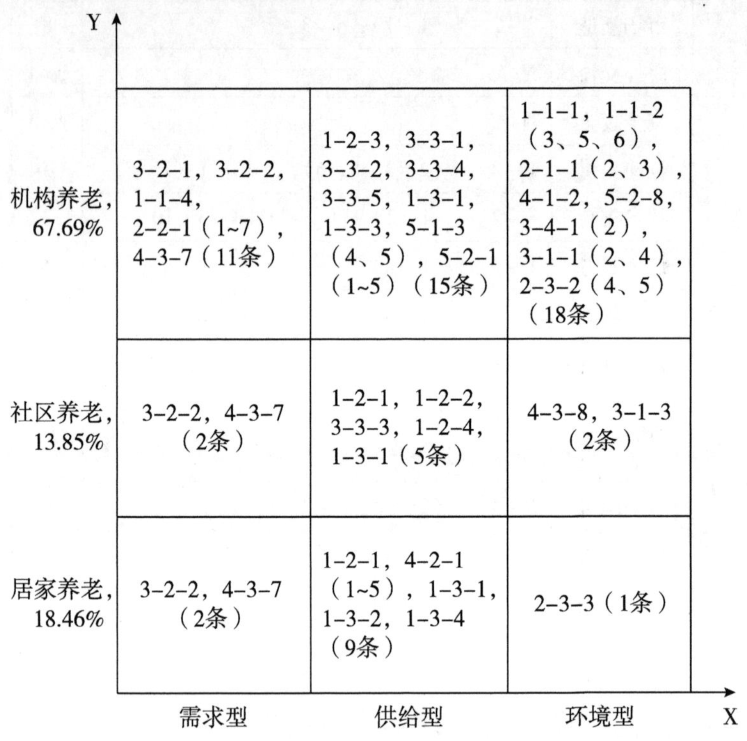

图 3－4　2019 年 60 号文的二维分析结果

如图 3－4 所示，2019 年 60 号文的医养结合政策在居家养老、社区养老和机构养老三类主体中均有分布，依然是机构养老最多，占 67.69%，居家养老为 18.46%，社区养老为 13.85%。虽然与 2015 年 84 号文相比，医养结合政策在三类养老主体中的分配有所调整，但是仍集中于机构养老，针对居家养老和社区养老的政策依然不足。

X－Y 两个维度的交叉数据显示，针对机构养老，供给型、环境型和需求型政策分配较为均衡，说明政策不仅注重创造养老机构开展医养结合的环境，也在增强机构养老的医养结合意愿，减少医养结合发展的障碍；针对社区养老，以供给型政策为主，环境型和需求型的总和不足一半，说明政策更注重增强社区开展医养结合的意愿，但是对支持社区开展医养结合的环境建设以及减少社区医养结合障碍的拉动作用尚不足；针对居家养老，供给型政策占绝大比重，说明政策注重增强家庭医养结合的意愿，但是对支持家庭开展医养结合的环境建设以及减少家庭开展医养结合障碍的拉动作用明显不足。

3.3.3　两个核心政策文本的分析

（1）医养结合政策工具分布

第一，医养结合政策在政策工具类型方面的分布，呈现重环境型政策、轻需求型政策的失衡状态。基于政策工具类型，即 X 维度的医养结合政策文本，从 2015 年 84 号文到 2019 年 60 号文的变化来看，环境型工具和供给型工具变化幅度较大，环境型工具从 59.68% 减少到 39.44%，供给型工具从 29.03% 增加到 45.07%，需求型工具变化幅度不大，从 11.29% 提高到 15.49%。环境型工具中，目标规划变化最大，从 19 个减少到 1 个，金融服务从 2 个增加到 5 个，税收优惠从 1 个增加到 4 个；供给型工具中，设施提供从 8 个增加到 10 个，技术支持从 1 个增加到 8 个，人才培养从 6 个增加到 11 个，对于人才培养和技术支持的力度明显增强，但资金投入均未提及；需求型工具中，服务外包从无到有，市场塑造从 4 个增加到 8 个，对社会资本进入医养结合领域的支持力度明显增强。见图 3 –5。

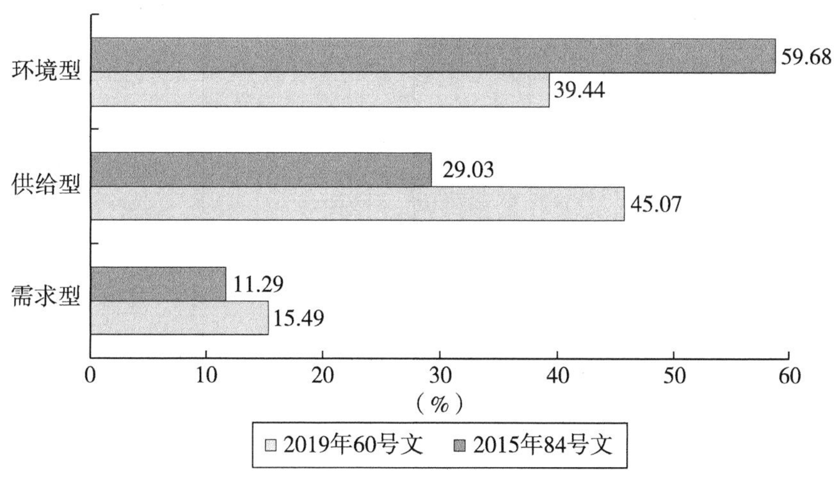

图 3 –5　医养结合政策工具类型分布变化

第二，医养结合政策在作用主体方面的分布，表现为重机构轻社区居家的状态。基于医养结合作用领域，即Y维度的医养结合两个政策文本分析数据显示，养老机构占据医养结合的绝对优势地位，社区和居家的医养结合政策明显不足。这与我国坚持完善“居家为基础、社区为依托、机构为补充、医养相结合”的养老服务体系不相匹配。医养结合的主要实践模式是在养老机构内设置医疗机构，在医疗机构内提供养老服务，过于重视机构在组织层面的合作，缺乏理念和资源层面的深度渗透与融合。这种模式有以下隐患：一方面是医院和养老院的执业许可与运营管理能力完全不同，医疗机构和养老机构联姻可能造成医疗资源配置的低效，制造新的不公平。① 另一方面是潜在道德风险，政府鼓励医疗机构向医养结合型机构转型，原本为医保定点的机构转型后仍保有定点资质，普通养老机构转型后却难以突破医保定点困境。由于健康评估系统的缺失以及利益驱动，养老机构内设置医疗机构会诱发多种套用医疗保障基金的行为，损害医保制度的公平和效率。

第三，医养结合政策有针对性地进行调整优化。2016年6月和9月先后确定了两批共90个国家级医养结合试点单位，涉及全国24个省、2个自治区和4个直辖市。经过3年试点，医养结合取得了重要进展的同时，也凸显了诸多问题，2019年60号文更有针对性地提出了医养结合深化发展的政策，表现在政策工具类型和政策对象方面，均有明显的调整优化。

如图3-6所示，居家养老的医养结合政策比例略有上升，但变化不大，从18.37%增加到18.46%；社区养老的医养结合政策比例有所下降，从14.29%减少到13.85%；机构养老的医养结合政策比例从67.35%增加到67.69%。2015年84号文未涉及农村医养结合，2019年60号文提出两个农村医养结合方案，一是提出农村地区可探索乡镇卫生院与敬老院、村卫生室与农村幸福院统筹规划，毗邻建设；二是鼓励符合规划用途的农村集体建设用地依法用于医养结合机构建设。

如表3-9所示，从政策工具与政策作用领域的交叉来看，三个作用领域的医养结合政策都有所优化：针对机构养老，三类政策工具配置更合理，政

① 比如，日本的养老院中很少设置真正意义上的医院，养老院内只设置长期护理、康复训练和简单急救等医疗服务，严重的疾病通过与周边医院合作来解决。这被称为医疗与介护连携。

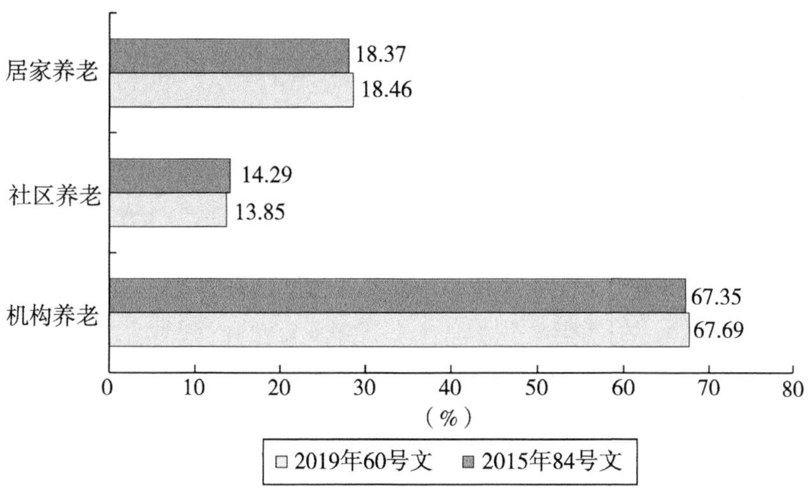

图 3-6 医养结合政策作用领域分布变化

府在医养结合政策环境营造、增强医养结合意愿方面的推动作用、减少医养结合障碍方面的拉动作用三方面均衡发力；针对社区养老，政府在增强医养结合意愿方面的推动作用明显加大，在减少医养结合障碍方面的拉动作用实现了从无到有；针对居家养老，供给型和需求型政策都实现了从无到有，尤其是供给型占比增幅最大，表明政府在增强医养结合意愿方面的推动作用明显加强，在减少医养结合障碍方面的拉动作用实现了从无到有。

表 3-9 X 维度和 Y 维度交叉分析情况

类别	供给型		环境型		需求型	
	2015 年	2019 年	2015 年	2019 年	2015 年	2019 年
机构养老	13	15	13	18	7	11
社区养老	2	5	5	2	0	2
居家养老	0	9	9	1	0	2

（2）政策工具视角下的医养结合政策

第一，医养结合政策重环境型政策工具轻需求型政策工具的倾向，表明政府为推动医养结合发展而创造良好环境的积极努力，但是对于如何减少医养结合发展障碍的举措明显乏力，不利于医养结合的整体推进。要增强医养结合政策的总体效果，需要有效组合不同类型的政策工具，产生联合效应。

针对环境型政策工具，应继续调整优化各类工具分布，强化配套政策，增强系统性，主要包括以下几方面：一是在“大卫生、大健康”战略背景下，将医养结合融入养老保险制度改革和医药卫生体制改革之中，积极推动医养结合的城乡统筹和区域统筹。二是细化政府对医养结合服务业的支持，通过财政贴息、小额信贷等金融服务工具吸引社会资本参与，为医养结合良性发展激发市场活力。三是强化管制政策以监督、评估和规范医养结合市场。形成事前支持鼓励—事中监督评估—事后联动奖惩的全周期环境建设与跟踪体系。

针对供给型政策工具，应强化政策推动力以增强意愿：一是继续加大对医养结合专业人才的培养，支持相关教学研究工作，拓展医养结合从业者的职业发展空间。二是将科技融入医养结合，加大对医养结合科技产品研发体系的财政投入，加强重点领域医药技术研发，加快老年康复辅助器具产业发展，推动适老化科技应用，用科技推动医养结合高质量发展。三是发展医养结合相关的信息服务，互联网技术突破时空限制转变服务模式，提供远程诊疗、实时健康监测、慢性病管理及药品配送等，对减轻老年人就医负担发挥积极作用。① 构建以大数据与物联网为支撑的医养结合信息服务与预警系统，通过人口信息采集与数据分析系统，实现健康的动态管理，进行健康风险预警、干预或急救。

针对需求型政策工具，要继续扩展其拉动能力，减少医养结合的阻碍：一是政府应更积极地转变职能，作为医养结合事业的掌舵者，政府通过采购和服务外包等手段，发挥市场在医养结合资源配置中的决定性作用，动员专业化社会组织的力量，满足多层次、多样化的医养结合服务需求。二是学习国际经验，借鉴英国的“整合照料”以及德国和日本的“长期护理”制度、世界卫生组织关于“将健康融入所有政策”理念与实践以及联合国关于健康老龄化的有效经验。

第二，医养结合政策重机构轻社区居家的倾向，反映出医养结合政策工具理性与价值理性的冲突。2017 年 2 月，《国务院关于印发“十三五”国家

---

① 葛延风，王列军，冯文猛，等．我国健康老龄化的挑战与策略选择［J］．管理世界，2020，36（4）：86－96.

老龄事业发展和养老体系建设规划的通知》确定了“居家为基础、社区为依托、机构为补充、医养相结合”的发展框架，将医养结合融入居家养老、社区养老和机构养老，促进健康老龄化的实现。党的十九届五中全会审议通过的《中共中央关于制定国民经济和社会发展第十四个五年规划和二〇三五年远景目标的建议》明确提出，“构建居家社区机构相协调、医养康养相结合的养老服务体系”。我国老年人居家养老比例最高，机构养老比例不足1.20%。[①] 但是医养结合政策却集中于机构，居家和社区严重不足。如何理解这一失衡？效率被誉为行政管理价值尺度的头号公理，是行政科学的价值基石。行政效率位于工具理性的界限之内，是政策权威性的根源。在政策资源配置中，以行政效率为导向的“技术合理性”和“工具合理性”，是政府的重要目标和价值追求。[②]

从行政效率来看，养老机构的医养结合更容易规划、实施和评估，具有较好的行政效率，更能实现政策的“工具理性”。但是，从社会公平角度来看，医养结合政策资源在不同老年群体之间的配置差距，会扩大群体之间的健康不平等。社区居家养老的老年人享有医养结合资源受限，有损健康老龄化这一政策价值理性的实现。价值理性和工具理性虽然存在矛盾，但也不是非此即彼：价值理性需要工具理性作为实现的载体，工具理性需要价值理性的指引。[③] 要实现医养结合促进健康老龄的价值目标，政策导向不宜继续鼓励医疗机构开展养老服务和养老机构开展医疗服务，而是应该加快在社区和居家层面上的医养结合。盘活基层医疗卫生服务资源，积极推广家庭医生签约服务，为老年人提供综合、连续、协同、规范的基本医疗和公共卫生服务。充分利用社区卫生服务体系，培育社会护理人员队伍，为社区和居家老年人提供专业护理服务，为家庭成员提供照护培训，探索建立从居家、社区到机

① 2020年7月29日，民政部举行2020年第三季度例行新闻发布会，民政部养老服务司副司长李邦华发言指出，“目前，全国共有各类养老机构4.23万个，床位429.10万张，收住老年人214.60万人”。资料来源：http：//www.mca.gov.cn/article/xw/xwfbh/202003/zxzb.html。根据此数据计算得出，机构养老比例不足1.20%。

② 李雪松．政策工具何以反映政策价值：一项溯源性分析——基于H省W市综合行政执法模式的经验证据［J］．求实，2019（6）：41－53＋108－109.

③ 彭国甫，张玉亮．追寻工具理性与价值理性的整合——地方政府公共事业管理绩效评估的发展方向［J］．中国行政管理，2007（6）：29－32.

构的相互接续的综合服务供给体系。

党的十九届四中全会指出，养老服务体系不再区分居家、社区和机构在养老体系中“孰轻孰重”的问题，而是强调三者要协调和融合发展。结合“健康老龄化”概念，提出从医养结合到医养康养的转变以及完善老年人关爱服务体系，将老年人的医疗和健康纳入居家、社区和机构医疗体系的搭建过程。①

第三，医养结合政策体系建设是一个动态调整的过程。从 2015 年 84 号文到 2019 年 60 号文，医养结合政策体系呈现出从重效率轻公平的“工具理性”优先，向兼顾效率与公平的“价值理性”转移的趋势。2018 年 7 月，《国务院办公厅关于印发医疗卫生领域中央与地方财政事权和支出责任划分改革方案的通知》（国办发〔2018〕67 号），将医养结合纳入基本公共卫生服务范畴，其基本原则就是促进人人公平享有，逐步实现城乡均等化。针对农村医养结合政策的空白，2019 年 60 号文提出农村地区探索乡镇卫生院与敬老院、村卫生室与农村幸福院统筹规划，毗邻建设；鼓励符合规划用途的农村集体建设用地依法用于医养结合机构建设。针对医养结合政策重机构轻居家和社区，2019 年 60 号文也有了政策工具的调整，加大了居家和社区医养结合的政策数量，优化了政策工具配置。这些变化标志医养结合政策开始以行政效率为核心的价值取向，转向以兼顾效率与社会公平的价值取向。

政策工具是政策价值取向有效组合的应用体，是政策制定者的理念和规则在政策执行终端的具体化。每一种政策工具都有各自的特征、技能要求、运行步骤以及优劣之处，有意识地对政策工具进行组合有助于促进因素发挥作用，能够使政策的合法性与有效性实现最优化。政策工具的选择很大程度上还取决于要解决的问题以及运作的社会环境。随着“将健康融入所有政策”的理念传播与实践深入，医养结合作为一项基本公共卫生项目，已经超越政府的权责与能力界限，被纳入更复杂的社会行动者网络，一系列相关者经由政策工具所构建并参与到医养结合政策体系之中。政府要激活所需的合作关系，更需要通过赋权等方法将有着部分独立权力来源的多个利益相关者推上

① 杜鹏，陈民强．积极应对人口老龄化：政策演进与国家战略实施［J］．新疆师范大学学报（哲学社会科学版），2022，43（3）：91－99＋2.

台面来为共同目标分享资源。[①] 制定理性科学的医养结合政策，需要明确资源限制，确立现实及可持续的价值目标区间，通过制度杠杆遏制偏离政策价值取向的失衡，提高政策工具的系统化，发挥医养结合促进健康老龄化的政策价值。

政府构建医养结合政策体系，坚持“以人民为中心”原则，将老年群体的服务需求和养老保障置于首位，充分平衡利益相关方的政治偏好和利益诉求，促进医疗卫生和养老资源共享与整合。通过结构性改革和政策驱动，加强分工合作；通过医疗机构与养老机构之间的合理规划布局和运行机制的有效衔接，打破医养分离格局；通过建立长期护理保险制度，合理分担医养结合成本，为政府、医养结构与老年群体提供稳定的制度性激励；通过建立有效的激励机制和加大对专业护理人才的培育，解决专业护理人员匮乏等问题；在严格控制医疗保障基金暴涨的情况下，实现医疗资源与养老服务资源的“医通、财通、人通”，最大可能地满足老年人群体的医护养需求。

① 萨拉蒙．政府工具：新治理指南［M］．肖娜，等译．北京：北京大学出版社，2016.

4 北京市医养结合试点现状分析

4.1 东城区的医养结合

4.1.1 东城区人口结构与医疗资源分布

《北京市东城区第七次全国人口普查公报》数据显示，截至2020年11月1日零时，东城区常住人口708829人，与2010年第六次全国人口普查的919253人相比，减少210424人，下降22.9%，年平均下降2.6%。全区常住人口中，0~14岁人口为98290人，占13.9%；15~59岁人口为423011人，占59.7%；60岁及以上人口为187528人，占26.4%，其中65岁及以上人口为129249人，占18.2%。与2010年第六次全国人口普查相比，0~14岁人口的比重上升6.4个百分点、15~59岁人口的比重下降16.1个百分点，60岁及以上的人口的比重上升9.7个百分点，65岁及以上的人口的比重上升5.9个百分点。东城区人口总量较少，但是老龄化程度较高，60岁及以上人口比重为26.4%，其中65岁及以上人口比重高达18.2%，已经超过14%这一深度老龄化指标。见表4-1。

表4-1　2020年北京市东城区常住人口年龄构成

年龄	人口数（人）	比重（%）	
		2020年	2010年
总计	708829	100	100
0~14岁	98290	13.9	7.5
15~59岁	423011	59.7	75.8
60岁及以上	187528	26.4	16.7
其中：65岁及以上	129249	18.2	12.3

资料来源：数字东城门户网站，www.bjdch.gov.cn，《北京市东城区第七次全国人口普查公报》。

《北京市东城区2020年国民经济与社会发展统计公报》显示，截至2020年年末，东城区共有卫生机构548个，其中医院61个，实有床位10049张，共有卫生技术人员26383人，其中，执业（助理）医师10446人，注册护士11058人。全年诊疗人次数1617.07万人次，其中，门诊人次数1538.82万人次，东城区人口平均期望寿命84.26岁。东城区共有养老机构20家，床位1271张，收住742名老年人。东城区在机构养老的老年人比例仅为0.40%，低于全国平均水平。

北京市东城区的医药卫生体制改革走在全国前列，尤其是在公立医院综合改革方面表现突出，为医养结合奠定了坚实基础。我国医疗卫生机构以公立医院为主，在医药卫生体制改革中，重点任务之一是让公立医院回归公益性，构建低成本、高效率的医疗服务体系。公立医院可以调剂医疗卫生资源，有利于控制医疗费用、提高医疗服务的公平性和可及性。经济发展水平较低、区域差异较大的发展中国家，大力发展公立医院是低成本、高效率的医疗保障方式，是实现地区、城乡和人群之间医疗服务均等化的有效途径。① 2017年9月13日，北京市东城区人民政府印发《东城区2017年深化医药卫生体制改革实施方案》，提出全力推进卫生健康创新与发展，建立公立医疗机构补偿机制，继续完善财政分类投入政策，保障公立医疗机构基本建设和设备购置、政府指令性任务及承担公共卫生服务等方面支出，保障公立医疗机构可持续发展。东城区深化公立医院综合改革，优化区域医疗资源统筹利用，以区域卫生资源共治共享为核心，建设医疗联合体和健康联合体，形成互联互通的医院网络，发挥规模效益，优化资源配置，建立全周期、全区域、全人群的卫生健康服务体系，实现治疗的连续性和整体性。2021年，东城区因2020年在卫生健康领域的突出表现被评为“公立医院综合改革成效较为明显的地区”，并获得国务院通报表彰和中央财政补助资金支持。东城区以区域卫生资源共治共享为核心，加强医疗联合体和健康联合体建设，推进分级诊疗制度建设。目前已经建成6个综合医联体和6个专科医联体，实现中西医结合紧密型医联体顺畅运行。

---

① 李玲．让公立医院回归社会公益的轨道［J］．求是，2008（7）：56－58.

4.1.2 东城区“1234多元立体”医养结合模式

作为第一批国家级医养结合试点单位，东城区委区政府及相关部门密切结合本区人口数量结构以及医疗资源等情况，先后制定出台《东城区关于推进医疗卫生与养老服务相结合的实施意见》《东城区医养结合服务工作方案》等文件，积极推进医养结合。

东城区充分利用整合本区的优质医疗资源，构建了以老年医疗康复护理指导中心、老年医疗综合评估中心和老年医疗服务中心为依托，区属二级医院为支撑、辖区三级医院为技术指导、社区卫生服务为基础的医疗服务联合体系。推进医养、康养相结合，充分调动各种资源，建立了东城特色的“一个体系、两条主线、三个中心、四个保障”的“1234多元立体”的医养结合模式。见图4-1。

一个体系，即通过政府统筹和部门联动，构建集“医疗、康复、护理、养老、保健、临终关怀”六位一体的老年健康服务三级网络体系，涵盖健康管理期、慢性病管理期、急危重期、康复期、中长期照护期、安宁疗护期，为老年健康提供全程的连续性医疗服务。

两条主线，一条主线是根据机构、居家和社区三类养老地点开展服务，另一条主线是根据托底保障、扶助保障、普惠保障①三类老年群体开展服务，以实现老年群体医养结合政策的全覆盖。

三个中心，即老年医疗康复护理指导中心、老年医疗综合评估中心和老年医疗服务中心三大中心，这三大中心都依托于北京市隆福医院②而建。一是

---

① 为精准对接老年人的不同养老需求，北京市东城区按照需求导向和分类服务原则，将全区老年人分为托底保障群体、扶助保障群体和普惠保障群体三类人群。其中，托底保障群体是指具有东城区户籍并在东城区居住的城市特困人员中的老年人、低保或低收入家庭中的失能老年人、计划生育困难家庭中失能或70周岁及以上老年人（含其重残的独生子女）。扶助保障群体是指具有东城区户籍并在东城区居住的中、重度失能高龄老年人。普惠保障群体是指具有东城区户籍的60周岁及以上的老年人群体。

② 北京市隆福医院是北京市东城区老年病医院，承担着老年医疗、康复、护理等特色医疗服务，在东城区医养结合试点中发挥重要作用。隆福医院采取集约化协议管理的方式为各个养老机构开展医疗保健、健康检查、康复护理、心理关怀等服务，满足老年人多样化需求。定期派医疗小组巡诊，做好医疗检查指导。目前隆福医院与15家养老机构（含养老照料中心）签订了合作协议，统一了服务内容。

老年医疗康复护理指导中心，组建区域专家团队，实施医养结合行业评估、人员培训和质控管理，为老年人群提供健康医疗全方位服务。二是老年医疗综合评估中心，重点针对失能老年人进行医疗分级评估。目前，隆福医院开发的医养护一体化智慧平台，采用专业老年人动态评估工具，根据老年人的躯体功能、精神心理、社会经济状况、日常生活能力和家庭照护状况等，将其健康状况分为治疗型、康复型、舒缓照顾型等不同等级；根据老年人日常生活能力评分、精神状态评分以及感知觉、沟通能力评分等，综合评定老年人的能力，并有针对性地提供医疗干预和健康指导。老年综合评估是老年医学的核心技术，是现代医学模式在老年医学中的具体应用。掌握和应用老年综合评估技术与方法，对老年病急性期的诊治、急性后期和亚急性期的中期照护、长期照护、临终关怀和社会慢性病防控等都具有重要的指导作用。三是老年医疗服务中心，重点开展上门医疗服务，解决高龄老年人医疗可及性问题，从时间和经济上极大地降低了老年人的就医成本。

四个保障，即支撑保障、特色保障、网底保障和补充保障。支撑保障是以北京市隆福医院为核心的全区平台枢纽，特色保障是以北京鼓楼医院中医药及中医适宜治未病为主，网底保障以社区卫生和家医签约为主，补充保障以养老服务集团等社会力量参与为主。

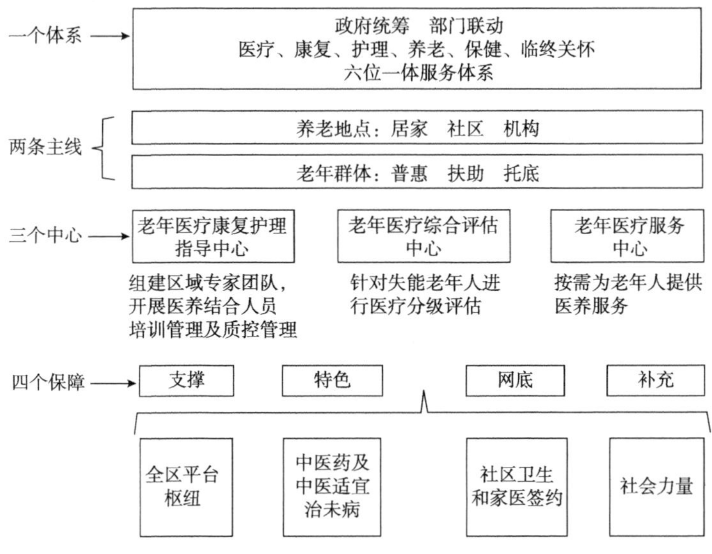

图 4－1　北京市东城区“1234 多元立体”医养结合模式

东城区入住养老机构的老年人占比不足老年人口的0.40%，低于全国平均水平。医养结合领域的重点是居家养老和社区养老，在针对托底老年群体的居家医养结合方面开展了很多有益的探索。

在居家养老服务政策方面，2016年5月，东城区出台了《关于加强居家养老服务工作的实施意见》，明确提出东城区居家养老服务工作坚持以“居家老年人为中心、医养结合为重点、专业机构运营为突破、标准化建设为保障”的基本原则，明确了“精准化、标准化、社会化、信息化、医养一体化”的工作目标，构建“区级指导中心统筹—街道管理中心整合—照料中心或社区驿站实施”的三级服务管理体系，打造家庭、企业、社会组织、居民自治组织和志愿者等五方联动的居家养老服务模式。根据托底、扶助、普惠等不同类型老年人的需求，提供不同的服务。

在居家养老服务标准规范方面，2016年6月，“国家级第三批社会管理和公共服务综合标准化试点项目——东城区居家养老服务标准化试点项目”获准立项，东城区开展居家养老服务标准化试点创建工作，以规范居家养老服务、提升居家养老服务管理效能、保障老年人和服务组织合法权益。东城区实现了居家养老“入户服务管理”“服务流程管理”等31项创制标准的规范性、统一性和标准之间的协调性。制定了老年人健康评估、助医服务、康复服务、健康指导服务等标准规范，覆盖了老年人医养结合服务流程和内容。制定了《东城区居家养老助医服务管理规范》和《东城区居家养老心理慰藉服务管理规范》，用标准指导服务，用服务实践为制定和完善标准提供科学依据。

在居家养老服务管理方面，东城区区级养老指导中心打造“五平台一中心”，即信息服务平台、培训实操平台、展示体验平台、资源整合平台、志愿服务平台等五大平台和老年人综合评估中心。实现数据可统计、可查看、可分析、可展示，为政府决策提供数据支撑。在街道层面建设街道养老服务管理中心，定期对社区养老服务驿站进行检查、督导和服务质量回访。在社区层面推动养老驿站规范化建设，按照“适老宜居、简单大方、空间优化”的设计思路，遵循“街道初审、区级评审、合理规划、择优选取、统筹推进”原则，打造老年人家门口的“服务管家”。

4.2 海淀区的医养结合

4.2.1 海淀区人口结构与医疗资源分布

《北京市海淀区第七次全国人口普查公报》数据显示，截至2020年11月1日零时，海淀区常住人口为3133469人，与2010年第六次全国人口普查的3280670人相比，减少147201人，下降4.5%，年均下降0.5%。全区常住人口中，0~14岁人口为371111人，占11.8%；15~59岁人口为2184011人，占69.7%；60岁及以上人口为578347人，占18.5%，其中65岁及以上人口为409319人，占13.1%。与2010年第六次全国人口普查相比，0~14岁人口的比重上升4.1个百分点，15~59岁人口的比重下降11.3个百分点，60岁及以上人口的比重上升7.2个百分点，65岁及以上人口的比重上升4.7个百分点。见表4-2。

表4-2　　2020年北京市海淀区常住人口年龄构成

年龄	人口数（人）	比重（%）	
		2020年	2010年
总计	3133469	100	100
0~14岁	371111	11.8	7.7
15~59岁	2184011	69.7	81.0
60岁及以上	578347	18.5	11.3
其中：65岁及以上	409319	13.1	8.4

资料来源：北京市海淀区人民政府门户网站，www.bjhd.gov.cn，《北京市海淀区第七次全国人口普查公报》。

《海淀区2020年国民经济与社会发展统计公报》显示，截至2020年年末，海淀区共有卫生机构1253个，其中医院92个，社区卫生服务中心48个。共有卫生技术人员3.8万人，其中执业医师1.47万人，注册护士1.69万人。医疗机构总诊疗2374.19万人次。

海淀区人口基数大，老龄化程度较高。2013年12月，海淀区委、区政府印发《关于加快养老服务业发展的意见》的通知，提出建设适合全体老年人基本服务与选择性服务相结合的服务体系。针对不同阶层老年人收入不同以及需求不同，提供不同层次的养老服务产品，在保障全体老年人基本养老服务的基础上，采取各种措施，提供多元化服务。

2016 年 6 月，北京市海淀区被列入“第一批国家级医养结合试点单位”。2017 年 9 月 8 日，海淀区政府印发《北京市海淀区开展国家级医养结合试点工作方案》，提出医养结合的整体部署：一是大部分老人以居家养老和社区养老为主，将医疗卫生服务延伸至家庭和社区（村），保障人人享有基本健康养老服务；二是针对亟须医学治疗支持和康复护理照护的高龄、失能和部分失能老年人，以养老机构或家庭病床为依托，做好医疗服务支持；三是对于个性化高端服务的需求，引导社会资本投入，支持社会力量兴办医养结合机构，与政府举办的相关机构协调发展。海淀区各医疗机构和养老机构积极探索，在医养深度融合、老年人健康管理、居家养老服务、老年人家医签约和“一键式”服务、安宁疗护等方面取得进展，老龄健康养老服务体系初步构建。

2019 年 2 月，海淀区发展和改革委员会印发《北京市海淀区国民经济和社会发展第十三个五年规划纲要》，提出推广医养结合养老模式，依托社区卫生服务机构，为居家老人提供健康管理、慢病防治、家庭护理、紧急救援等服务，提升老年人生活品质。深化失能老年人长期护理保险试点工作。对收住海淀户籍老年人的民办非营利性养老机构给予运营补贴。探索形成专业化运营的社会养老服务新模式，初步建立居家养老、社会化养老、跨区域度假式养老等多元养老模式。强化公共卫生能力建设。进一步健全专业公共卫生服务体系，完善以社区为基础的慢性病防控网络，加强脑卒中、高血压、糖尿病、口腔疾病等慢病管理及社区健康教育、健康促进工作。促进医疗服务模式从以治疗为重向以预防为主、防治并重转变，全面提升居民健康水平。

4.2.2 海淀区“1 + 1 + *N*”医养结合模式

北京市医养结合较早的探索样本是在社区卫生服务中心设立养护院。2012 年，海淀区八里庄街道玉渊潭社区卫生服务中心内设立了八里庄老年养护院，提供基本医疗、护理、康复、心理慰藉、心理干预等医疗服务，及日常生活照护、助洁、助浴、助餐、文娱活动等养护服务。老年人度过急性发病期后，缺乏医院到家之间的过渡机构提供专业照护服务，导致很多老人选择在医院“压床”。社区的老年养护院弥合了老年人在医院和家之间的断档。

此后，海淀区甘家口街道借鉴了这种模式，通过甘家口社区卫生服务中心（甘家口医院）与医养康（北京）健康管理有限公司合作，建立一个社区卫生服务中心、一个地区医养结合服务中心和多个医养结合服务站，共同构成区域性医养结合服务体系，形成“1个社区卫生服务中心（医院）+1个地区医养结合服务中心（医院+第三方养老服务公司）+N个医养结合服务站（养老服务驿站）”的“1+1+N”医养结合模式。见图4-2。

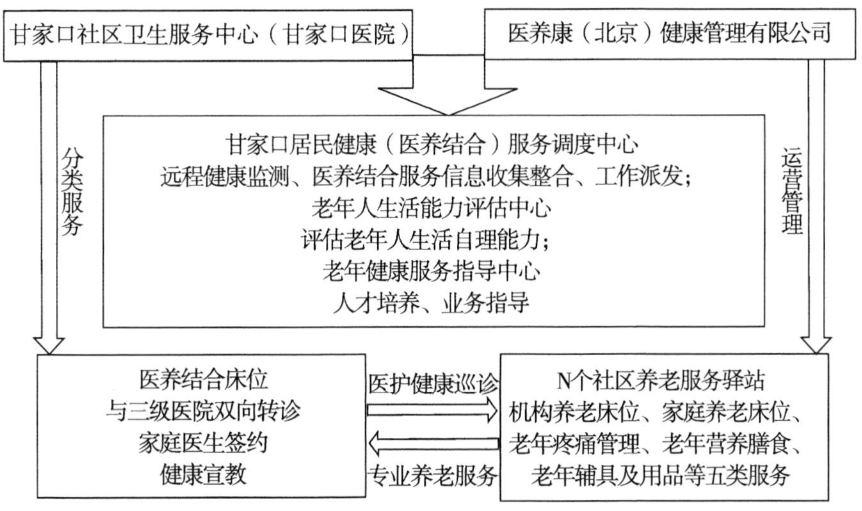

图4-2 海淀区“1+1+N”医养结合模式

第一，医养结合中的医疗服务，通过医联体和分级诊疗制度建设得以保障。医联体即国际上的整合医疗组织（Integrated Care Organization）或者整合医疗卫生系统（Integrated Health Care System），是医疗资源整合下的区域组织实践。2013年，海淀区启动区域医联体建设试点工作，制定《海淀区区域医联体工作实施方案》，促进医疗资源上下联通，合理分配医疗资源，推进“小病在社区、大病在医院、康复回社区”的分级诊疗模式，提高服务效能。中关村医院转型为海淀区老年医院，以签约服务包的形式为居家养老提供“健康教育、健康管理、绿色通道、上门服务”一体化的医养结合服务；羊坊店医院转型为康复医院；四季青医院重点发展急诊、护理、康复等重点学科。

医联体有两种，第一种是以医疗服务共建共享为纽带的松散型医联体，第二种是内部统一管理的紧密型医联体。2018 年 11 月，中国中医科学院西苑医院与海淀区双榆树社区卫生服务中心成立紧密型中医医联体，北京市海淀医院与海淀区温泉镇社区卫生服务中心成立紧密型医联体，促进优质医疗资源下沉。建立居家养老医疗服务供给机制，在社区推广“智能化”老年健康管理平台，开发“老年人精神健康智能服务系统”，提供慢病监测、精神慰藉和远程健康管理服务。通过信息化手段辅医助医，提高社区卫生机构的服务能力和效率。

第二，医养结合中的养老服务质量，通过与专业养老服务机构合作得到保障。专业养老服务公司运营养老服务驿站，驿站与社区医院形成健康促进共同体，为辖区老年人提供“上门护理 + 社区护理 + 医疗衔接”三大服务，规避专业医疗机构上门服务的滞后性，及时满足失能和半失能老年人入户医疗护理服务需求。在驿站内提供慢病、康复、中医等非紧急医疗的居家养老健康服务，推进医养结合，建立由“照料中心 + 驿站 + 家庭床位”的区域养老联合体。

第三，关注医养结合服务均等化。以政府购买服务的方式保障弱势群体获得基本公共卫生服务。海淀区是北京市“政策性长期照料护理保险”试点单位。2016 年 6 月，海淀区人民政府印发《海淀区居家养老失能护理互助保险试点办法》，率先在全市建立居家养老失能护理互助保险。探索采用商业保险和政府合作的运作模式，通过政府补贴、个人缴费、社会捐助等多种渠道募集资金，通过商业保险公司的市场运作实现资金的保值增值，重点保障居家老年人在丧失独立生活能力时得到生活照料、护理康复、精神关怀等专业养老照护服务。

4.3 朝阳区的医养结合

4.3.1 朝阳区人口机构与医疗资源分布

《北京市朝阳区第七次全国人口普查公报》数据显示，截至 2020 年 11 月 1 日零时，朝阳区全区常住人口为 3452460 人，与 2010 年第六次全国人口普查的

3545137 人相比，减少 92677 人，下降 2.6%，年均下降 0.3%。0～14 岁人口为 395192 人，占 11.4%；15～59 岁人口为 2348399 人，占 68%；60 岁及以上人口为 708869 人，占 20.5%，其中 65 岁及以上人口为 492775 人，占 14.3%。与 2010 年第六次全国人口普查相比，0～14 岁人口的比重上升 3.8 个百分点，15～59 岁人口的比重下降 12.2 个百分点，60 岁及以上人口的比重上升 8.3 个百分点，65 岁及以上人口的比重上升 5.7 个百分点。见表 4－3。

表 4－3　　2020 年北京市朝阳区常住人口年龄构成

年龄	人口数（人）	比重（%）	
		2020 年	2010 年
总计	3452460	100	100
0～14 岁	395192	11.4	7.6
15～59 岁	2348399	68	80.2
60 岁及以上	708869	20.5	12.2
其中：65 岁及以上	492775	14.3	8.6

资料来源："北京朝阳"门户网站，www.bjchy.gov.cn，《北京市朝阳区第七次全国人口普查公报》。

朝阳区人口规模大，老龄化程度较高，老年群体医养服务压力大。《朝阳区 2020 年国民经济与社会发展统计公报》显示，截至 2020 年年末，朝阳区共有卫生机构 1733 个，床位 23975 张，卫生技术人员 57098 人。

2016 年 9 月，北京市朝阳区被列入"第二批国家级医养结合试点单位"。2017 年 8 月，北京市朝阳区人民政府办公室转发区卫生计生委等部门《关于推进朝阳区医疗卫生与养老服务相结合的实施方案》，提出将医养结合政策融入朝阳区各项民生政策中优先研究、优先落实、优先发展，在"十三五"期间优化老年资源配置，探索形成健康干预、基本医疗、康复护理、临终关怀等医疗服务与居家养老、社区养老、机构养老相结合的多层次医养结合服务体系。

4.3.2 朝阳区"PPP"医养结合模式

吸引社会力量参与养老服务体系建设，是养老服务供给侧结构性改革的重要措施。2015 年 2 月，民政部和发展改革委等 10 部门联合发布《关于鼓励民间资本参与养老服务业发展的实施意见》，明确提出鼓励民间资本参与居家和社区养老服务，支持民间资本采取股份制、股份合作制和 PPP（政府和社会资本合作）等模式建设或发展养老机构，以适应多元化多层次的养老服务需求。2017 年 3 月，《国务院办公厅关于进一步激发社会领域投资活力的意见》（国办发〔2017〕21 号）指出，“引导社会资本以政府和社会资本合作（PPP）模式参与医疗机构、养老服务机构、教育机构、文化设施、体育设施建设运营，开展 PPP 项目示范”。PPP 是由政府发起，在公共部门和私营部门之间针对特定的公共项目而建立的长期合同关系，涉及项目的融资、建设和运营等权责的分配。有别于传统模式的公共服务供给机制，PPP 项目联合体负责公益性基础设施项目的建设与运营，具有责任整合、风险转移、不完全契约三个特征。第一，项目责任的整合，PPP 通常将新建基础设施项目的投融资、建设和运营交给一个由私营机构组成的联合体统一负责，政府的角色是项目促进者和监督者。第二，项目风险的转移，在政府制定基础设施和服务的质量与价格标准以及有效监管的基础上，PPP 联合体拥有具体建设和运营的控制权，经营责任和风险被转移给私营机构。第三，长期契约的不完全，PPP 必须通过缔约来建立基本的合作框架，但是项目合作关系的长期性及经济政治环境的不确定性导致 PPP 合同具有天然的不完全性。①

国家对 PPP 模式应用于养老服务产业从长远的战略高度给予了指导和支持。朝阳区充分发挥社会资本参与医养结合服务的积极作用，积极探索医养结合 PPP 模式。朝阳区民政局与乐成老年事业投资有限公司合作开展机构养老 PPP 项目——恭和老年公寓（又名：北京市朝阳区第二社会福利中心），成为北京市第一家 PPP 模式运营的养老机构，成为朝阳区医养结合的典范。见图 4－3。

恭和老年公寓是公建民营的机构养老模式，承担社会公共服务职能，在优先服务基本养老服务保障对象的基础上，向本区失能失智和高龄老年人开放，提供基本生活护理、心理护理和医疗护理等服务。开设失智老年人专区，提供园艺辅助疗法和音乐疗法等，延缓老年人智力退化，维持其内在功能。

恭和老年公寓利用整合各级医疗资源，形成了“社区卫生服务站—社区医院—三级医院”三级医疗保障体系。第一级是公寓内设社区卫生服务站，满足老年人的基本医疗需求。第二级是依托乐成老年事业投资有限公司投资

① 赖丹馨，费方域. 公私合作制（PPP）的效率：一个综述［J］. 经济学家，2010（7）：97－104.

建成的朝阳区双井第二社区卫生服务中心，按照“全科＋专科”诊疗模式，提供全科医生服务、康复服务和护理服务等。第三级是与三级医院合作，开通绿色就诊通道，满足老年人的紧急医疗救治需求。

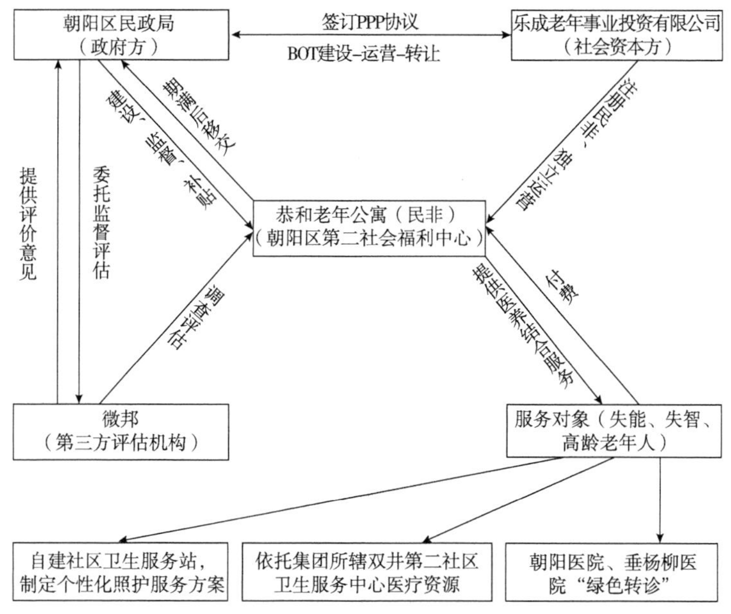

图 4－3　朝阳区 PPP 医养结合模式

4.4　北京市医养结合的经验、问题与建议

4.4.1　医养结合试点经验与问题

北京市医养结合试点分析可见，北京市拥有丰富的医疗资源，能够支撑医养结合服务的推进和创新。各区合理规划资源布局，打造“医疗—康复—护理—养老—保健—临终关怀”的全方位服务链条。发挥社区养老服务驿站的优势，将其作为就近提供医疗服务的平台，实现向社区周边老年人辐射，积极构建“三边四级”养老服务体系。北京市医养结合实践中也存在很多问题，具体表现在以下三个方面。

第一，医养结合重机构轻社区居家。全国范围内有 1.24% 的老年人在机构养老，而在北京这一比例不足1.00%。但是目前医养结合政策和实践都集中于机构养老，社区居家医养结合供给严重不足，这与我国“以居家为基础、社区为依托、机构为补充、医养相结合的养老服务体系”不相匹配。社区居家医养结合供需失衡，主要原因是基层医疗卫生资源不足，具体表现为全科医生资源匮乏和基层医疗卫生设备资源不足。全科医生是基层医疗卫生的人力资源主力，是家庭医生的主要来源。美国斯坦福大学医学院和哈佛大学医学院的一项研究显示，人均医生资源，尤其是全科医生的增加，与居民的预期寿命延长显著相关。在控制了人口特征、社会经济因素和行为影响后，数据显示，每10万人口中增加10名全科医生，当地居民的预期寿命延长51.5天。全科医生通过预防性治疗、疾病筛查和早期诊断改善人口的死亡率，全科医生不足会对人群健康产生不利影响。[①] 我国全科医生培养起步晚、学科体系建设滞后，全科医生数量严重不足。《全国医疗卫生服务体系规划纲要(2015—2020年)》明确提出，2020年初步建立全科医生制度，基本形成统一规范的全科医生培养模式和首诊在基层的服务模式，基本实现城乡每万名居民有2~3名合格的全科医生。《北京市关于改革完善全科医生培养与使用激励机制的实施方案》（京政办发〔2018〕39号），提出到2020年，北京城乡每万名居民拥有不少于3名合格的全科医生；到2030年，实现城乡每万名居名拥有5名合格的全科医生。《2020年北京市卫生健康事业发展统计公报》显示，2020年，北京市共有社区卫生服务中心346家，社区卫生服务站1723家。每万人拥有全科医生2.7人，仍有5000人左右的全科医生缺口。基层医疗卫生设备资源不足。北京市社区卫生服务中心（站）总诊疗占全市医疗机构的33.7%，编制床位使用率为14.7%，但是卫生总费用中，基层医疗卫生机构仅占10.2%。基层投入不足的主要原因是基层医疗质量整体表现较差，民众对基层医疗不信任，难以形成有效的分级诊疗和双向转诊。比如我国有超过2.7亿的高血压患者，高血压、糖尿病等慢性病患者是基层医疗的重点

① BASU S, BERKOWITZ S A, PHILLIPS R L, et al. Association of Primary Care Physician Supply With Population Mortality in the United States, 2005－2015 [J]. JAMA Internal Medicine, 2019, 179 (4): 506－514.

人群。但目前我国高血压患病率不断升高，治疗水平和患者知晓率却较低。①专业性老年医院较少，老年医学、老年康复、老年心理和临终关怀服务供给明显不足，难以实现“小病在社区、大病到医院、康复回社区”的就医模式。

第二，医养结合服务供给主体的动力与能力不足。一方面，养老机构面临严重的人才和资金等软硬件条件的限制，护理员收入待遇低、社会地位低、技术职称低、劳动强度高、岗位流动性高。因此，养老机构，难以突破专业医疗护理的瓶颈，无法形成全生命周期的身心健康干预体系。另一方面，医院和医生是稀缺资源，尤其是三级医院提供医疗服务的成本很高，大型医疗机构缺乏向养老业务拓展的内驱力，养老实体机构运行成本高、收益低、风险大的现状使得医疗与养老资源对接缺乏动力。基层医疗机构能力不足，公众信任度低，即使与养老机构合作，服务能力也难以有效应对日益严重的慢性病高发等健康问题，导致医养结合流于形式。通过行政力量组建医联体，比如海淀区大力推进的医联体建设，以三级医院的专科医生为主导领导，康复医院和社区医院，倾向于通过高技术实现医疗的高质量，这可能导致医疗服务高成本且缺乏宏观效率。这种模式可能将社区机构异化为病患抽水机，初级医疗卫生保健服务提供者也不能发挥“守门员”作用。即使建成由三级医院主导的医联体，也无益于医疗资源的整合，基层医疗机构难以提高能力，医联体陷入“联而不合，联动乏力”的局面，导致医养结合服务有效供给不足。

第三，医养结合服务质量不高。医养结合政策落地往往集中在街道或社区，缺少足够的专业递送力量和管理评估机制，服务总量供给不足，服务递送效率不高，服务效果难以保证。除提供基本的生活照料之外，医养结合还应包括集早期预防、疾病诊治、康复保健、医疗护理和临终关怀于一体的连续性、综合性的全生命周期服务，但实际操作中往往重点关注养老护理和疾病诊疗两方面，忽视了疾病筛查、健康指导、心理慰藉等“治未病”服务。大型养老机构多与附近大医院签订合作协议开展医养结合服务，但合作协议中的服务内容、服务标准和要求不够细致明确，缺乏有效的监管和问责，很

① LI X，KRUMHOLZ H M，YIP W，et al. Quality of primary health care in China：challenges and recommendations［J］. The Lancet，2020，395（10239）：1802－1812.

难确保老年人得到及时有效的医疗卫生服务，趋利运营也使得大型养老机构在服务对象定位上具有“潜在”选择性。

4.4.2 医养结合发展的建议

要推进医养结合有效发展，实现其促进健康老龄化的政策目标，针对主要问题提出如下建议。

第一，将医养结合重点放在社区居家养老领域。大多数老年人倾向于就地养老，因为社区居家养老使得他们能继续保持熟悉的人际关系网络，成为应对逆境的重要资源。① 社区居家医养结合的服务重点是失能失智老年人，有学者根据中国老年健康影响因素跟踪调查（CLHLS）数据测算，我国高龄老年人失能率在 10.30% ~12.40%，低龄老年人失能率在 4.40% ~5.40%。② 社区居家养老的重点是引导优质医疗资源进入家庭或社区，积极探索老年医疗家庭化和社区化，实施以家庭和社区为基础的预防、康复和治疗，以及完善的转诊系统。开设社区病床和家庭病床，并将其纳入医疗保险住院费用结算制度之中。老年人在医疗机构接受治疗后，若能进入康复阶段，应该转移到社区或家庭进行后续康复治疗，这对于减少医疗费用支出、提高人口健康水平和生命质量具有重要意义。

第二，提高医养结合服务供给主体的能力。首先，政策制定者应加强顶层设计，理顺体制机制，从全人口统计、全生命周期的视角，分类制定可持续、可预期的医养结合发展规划；完善医养结合机构服务对象的分类评估标准，探索建立第三方评估服务机制；建立人才培育的长效机制；推动“互联网 +”与医养结合的对接，打通信息技术助力医养的通道。其次，建立医养结合协同治理体系，明确政府各部门权利责任及业务边界；建立多元化的资金筹集机制和统一的支付平台；依托各区医养结合和老年健康服务指导中心建立区级医养联合体，促进形成分级诊疗制度，将优质医疗资源下沉到基层；开展“家庭照护床位”医养结合一体化行动，探索家庭照护床位与家庭医生

---

① COSTA - FONT J. ‘Ageing in Place’? Exploring Elderly People's Housing Preferences in Spain [J]. Urban Studies, 2009, 46 (2): 295 -316.

② 张文娟，魏蒙．中国老年人的失能水平到底有多高？——多个数据来源的比较 [J]．人口研究，2015，39 (3)：34 -47.

签约、老年人健康管理等服务供给同步实施，提高老年健康服务水平。最后，建立医养结合工作监测平台，实时跟踪、定期汇报、强化考核。

第三，提升医养结合服务质量。养老资源配置的基本逻辑是资源和配套密切围绕老年人的生存、生活和发展需求，提高便捷性和可及性。医养结合的重点是打造综合为老服务中心，强化服务内容多元化、地域社区化和智能信息化建设。一是提升医养结合机构医务人员能力，依托市区两级老年健康和医养结合服务指导中心，为医养结合机构医务人员提供继续教育培训，实现养老机构内设医疗机构医务人员培训全覆盖。二是提高医养结合服务递送效率，做实家庭医生签约服务，建设医养结合远程协同中心，扩大医养结合远程协同服务试点，使老年人在医养结合机构和社区家庭内即可获得远程诊疗指导、在线复诊等服务。三是做好医养结合监测工作，各区卫生健康委对辖区医养结合机构和社区居家医疗服务全面开展服务质量检查，规范开展医疗卫生服务；推动医养结合机构严格落实各项医疗管理相关法律法规、规范性文件及标准，全面提升机构和社区居家医养结合服务的能力与水平。

5 医养结合的国际经验与启示

5.1 英国的整合式社区照顾

随着老龄化程度不断加深，英国探索健康老龄化路径，强调未雨绸缪，通过疾病预防、疾病治疗、健康管理和社会支持等举措将医疗服务与社会服务有效融合，辅助老年人保持身心与社会生活等方面的良好状态，提高生命质量。医养结合是英国福利体系中一项重要的政策目标，其发展与英国近半个世纪的福利意识形态转变和福利体系变迁密切相关。通过构建政府与社会力量之间的伙伴关系，将医疗和养老服务结合起来，以满足复杂的服务需求。作为英国医养结合的主要形式，社区照顾以老年人为中心，提供个性化的医养结合服务，帮助老年人在社区内实现自立和社会融入。

20 世纪 70 年代，在新公共管理“降低成本、提高质量、顾客导向、服务至上”理念的影响下，英国开始了积极老龄化实践，典范是“社区照顾”以及基于此而形成的“整合照料”，整合国家卫生服务和老年社会照顾服务，产生“1 + 1 > 2”的协同效应，提升医养服务的质量与连续性。

5.1.1 英国的社区照顾发展历程

第二次世界大战后，在福利主义思潮影响下，英国政府履行战时对国民所许承诺，贝弗里奇“从摇篮到坟墓”的福利蓝图开始落地并全面推进，英国成为世界上第一个福利国家。1946 年，英国政府颁布《国家卫生服务法》，履行工党对选民承诺的社会福利，通过“全民健康服务系统”（National Healthy System，NHS）为所有英国公民和在英国长期居住者提供免费医疗，同时，政府对残老等弱势群体实施住院式机构照顾，均取得显著成效。但是，免费医疗和长期机构照顾导致被照顾者滋生福利依赖心理，以致失去适应社会的意愿与能力，人口结构日益老化导致医疗体系和机构养老的财政负担沉重，这些问题广受诟病。

20 世纪 70 年代，伴随人口老龄化和经济衰退，英国社会开始以批判的态度审视福利体系，凯恩斯主义经济政策和贝弗里奇福利政策备受争议，“紧缩”成为社会政策的流行术语。政府主导的机构养老财政压力沉重，福利“去机构化”呼声高涨，购买服务成为一种新的公共服务的供给选择。20 世纪 80 年代，在经济危机浪潮和福利多元主义思潮的影响下，英国开始了以削减福利支出为核心的机构性调整与政策完善，国家福利适当私有化和市场化，鼓励多元力量合作投资福利，提升福利的公平与效率。英国政府的职能角色也从福利提供者转型为服务购买者、政策法规制定者与监督者，通过购买社会服务，政府与社会组织达成相互独立和平等的伙伴契约关系。在养老服务领域，1990 年，英国政府颁布《全民健康服务与社区照顾法案》（以下简称《社区照顾法案》）强调老年人在社区居家养老的必要性，在立法层面确立了社区照顾的合法性，使老年人通过社区照顾能获得最大限度的自主性，且掌握自己的生活。

英国的《社区照顾法案》明确界定医疗服务与社会照顾服务，政府强调社区照顾的环境营造，鼓励那些长期滞留在医院或者养老机构的老年人回到社区生活，利用社区内的正式资源和非正式社会支持网络提供支持服务与设施，社区照顾逐渐成为老龄政策的主导议题，鼓励老人自立与社会融入，在熟悉的社区得到个性化的社会服务。英国的基层医疗服务被纳入了国家财政预算，不仅有利于统筹协调，还提高了基层医疗服务质量。作为基层医疗服务提供最基本单位的初级保健团队，通过在社区驻诊，为社区照顾的发展提供了有力的医疗支持。政府鼓励发展社区照顾系统，地方政府专款专案执行社区照顾，社区内配备专业护士、健康家访员、社区精神护理、心智障碍者护士和社会工作者，鼓励发展社区照顾系统，要求地方社会服务局对服务使用者①的需求进行评估，在社区对老年人提供预防性健康照顾、生活照料、物

① 英国社区照顾的服务对象有病弱老年人、精神病患、身心障碍者等，但是随着 20 世纪 70 年代人口老龄化的加剧，社区照顾逐渐成为为那些有着长期照料需求的老年人提供养老安老服务的代名词。

质支持、心理支持和整体关怀，创造条件辅助老年人居留在家，长期住院的老年人出院后能够在社区得到持续有效的照护，缓解医疗服务的压力。

《社区照顾法案》是医养结合服务的主要法律文件，标志着社区照顾成为一项重要的社会政策。随着法案的实施，社区日间照料、上门服务得到快速发展，并成为英国社会养老服务的重要形式。1997 年 12 月，英国政府颁布“新全民健康服务系统”（the New NHS），提出整合照料（Integrated Care），打破医疗服务和社会照顾之间的藩篱，促进医养跨界合作。医养结合服务被视为一种经济型养老服务模式。如果慢性病老年人或者处于恢复期的老年人从医院转到医养结合机构，不仅可以节约养老成本，还能够满足老年人的多种个性化需求。

（1）社区照顾的内容

社区照顾内容包括健康服务和社会照顾，健康服务由中央层次的 NHS 主导，社会照顾由地方政府的社会服务局（SSD）主导。纵观英国 NHS 70 多年的发展历史，国家提供服务的基本原则和宗旨一直保持不变，但是在卫生组织机构、服务提供方式以及服务管理等方面则围绕着提供更优质和更经济的卫生服务在进行持续的变革。其中，大力发展初级医疗服务，将卫生服务的重点从医院转移到社区，建立了以社区为中心，医院、全科医生服务、社区卫生保健三者相结合。卫生服务以社区为中心推动了社区照顾经历了“在社区照顾”向“由社区照顾”的转变。“在社区照顾”是鼓励那些长期滞留医院的老年人回到社区生活，运用社区资源在社区内设置小规模的照料中心，由专业人员为完全不能自理或半自理的老年人提供午餐、开展娱乐活动、进行身体康复和护理等。“由社区照顾”是由老年人的家属、朋友、邻居及社区志愿者等非正式照顾者，为老年人提供生活照料、物质支援、心理支持和整体关怀等。

健康服务以预防为主，家庭医生是老年人在社区生活的首位接触者，为其提供预防性医疗照护，维持其健康状况；社区护士、区域护士、健康家访员、社区精神护士、心智障碍者护士等在社区范围内提供专业医疗照护。NHS 是由一般税收提供财政支持的、全民的、国家管理的保健体系，通过风险分担实现大量的再分配。这接近于马歇尔的社会公民权利理想，个人融入更大的社区并成为其成员的前提是，享受基于其医疗需求而不是基于偿付能力或缴费积累的高质量医疗资源，这样的全民项目将风险共担行为制度化，强化了共享与社区价值理念，得以抵制紧缩带来的挑战。

社会照顾则是为了促使服务使用者在社区中生活或者协助其具备独立居住的能力，经过评估和个人需要而提供的非医疗性照护，包括生活照料、物质支援、心理支持等。

（2）社区照顾的效果

英国卫生安全局要求地方社会服务局以被照顾者为中心，由社会工作者和社区护士对被照顾者进行个人化的健康与需求评估。英国的社区照顾中，社会工作者介入程度非常高，大部分个案管理都是由社会服务局派出的社会工作者执行。

社区照顾通过资源整合，将基本照顾、社区照顾和社会照顾三者，以被照顾者为中心统合起来，医疗机构和照顾机构之间相互联合，减少管理和执行成本，提供更贴近老年人需求的、不间断的、高质量的照顾，有效应对了人口老龄化和慢性病的挑战。缩短医院住院时间，治疗后的康复转移到社区，节省医疗开支。以上不仅缓解了政府财政压力，也取得了良好的社会效益。

受到英国“去机构化”福利思潮影响而产生的社区照顾，经历了“在社区照顾”到“由社区照顾”的转变后，在20世纪90年代开始推动医疗照顾（Health Care）和社会照顾（Social Care）的融合，形成“整合照料”，以改善健康和福利，更有效地利用现有资源。医疗照顾由NHS实施，社会照顾由地方政府的社会服务局实施。1997年，布莱尔领导的工党上台执政，承诺推翻医疗服务和社会服务之间的“柏林墙”。1999年，英国政府颁布《健康法》（*Health Act 1999*），从法律层面保证地方政府与NHS之间的紧密协作，使得原本分割的医疗服务和社会照顾相互融合，提出了医疗服务和社会服务三个层面的联合工作：①战略计划层面，相关机构联合制定中期计划，并分享各自为了实现目标的资源；②服务调试层面，机构在提供服务时，应该对他们的联合需求和最有效的提供方式达成共识；③服务提供层面，不论如何付费，用户都能得到连贯的一体化的照顾服务。整合照料将基本照顾、社区照顾和社会照顾，以被照顾者为中心进行整合，相关机构联合提供相互贯通衔接的高质量照顾服务。随着人口老龄化程度的加深、加快，医疗保健系统财政负担加剧，需要在社区提供更积极的预防性照顾，提高资源的使用效率。整合照料尤其注重医疗服务和社会照顾的整合，为老年人提供逐层递进的生活照料、物质支持、医疗保健和整体关怀构建的全面服务体系，辅助老年人在熟悉的社区维持独立生活。

在英国，需要健康服务和社会服务的人越来越多，在未来20年，85岁及以上人口比例将增长1倍，这意味着有更多的人需要医疗服务和社会照顾的整合。但是，医疗服务和社会照顾很难有效的融合，比如，人们本应该在家里得到更好的看护，但是他们往往倾向于长期住院。有时候，在NHS和社会照顾机构中会“享受”重复服务，或者忽略了某一部分重要的服务。这意味着人们没有得到他们所需要的整合服务，而被置于损伤高风险之中。医疗服务和社会照顾资金没有得到有效的利用，患者和照顾需求者也没有得到更好的服务。英国卫生安全局提出，希望地方议会帮助医疗机构和社会照顾机构联合，满足公众的需求，比如，当老年人出院回家后能够得到持续有效的照护。2001年英国卫生安全局颁布《老年人国家健康服务框架》（*The National Service Framework for Older People*，*NSFOP*）①，是英国首个综合性老年人医疗服务和社会服务标准体系，帮助老年人尽可能地维持健康、活跃和独立的状态。*NSFOP* 被誉为“确保老年人需求成为医疗和社会服务改革核心”的关键要素，设立的四大类共八项标准保证服务质量：①确保老年人得到尊重，消除年龄歧视；②避免不必要的入院治疗，提供早期出院支持服务；③提供专业护理减少长期患病；④倡导健康生活方式和老年独立。见表5－1。

表5－1　英国老年人医疗服务和社会服务标准体系

标准	内容	目的
消除年龄歧视	根据老年人需求提供服务	促进老年公共服务平等可及
以人为本的照顾服务	老年人自主决策，获得融合连贯的服务	公正合理地配置使用医疗和养老资源
中期照顾服务标准	医疗部门与社会照顾部门协同合作，多学科专业团队提供个性化治疗和康复服务	衔接初级照顾和专科医疗服务，改善护理体验

① CROME P，NATARAJAN I. The National Service Framework for Older People［J］. Drugs & Aging，2004，21（8）：499－510.

续表

标准	内容	目的
综合医院服务标准	减少不必要的住院，促进及时出院	更有效地利用现有资源
卒中管理标准	卒中预防、卒中后的中期照顾、早期和持续的康复服务、长期服务支持	NHS 与社会照顾机构合作，提供及时诊断和治疗、卒中预防和再康复
预防跌倒标准	预防跌倒和跌倒伤害一体化管理	NHS 与社会照顾机构合作，提供及时诊断和治疗、跌倒预防和再康复
精神健康服务标准	精神健康促进、健康问题诊断与管理	NHS 与社会照顾机构合作，提供及时诊断、预防、治疗与康复
健康生活方式养成	识别影响因素，预防疾病或延迟发生时间，减轻疾病负面影响	NHS 与社会照顾机构合作，营造健康环境，提升老年人健康水平和独立能力

资料来源：Department of Health and Social Care. National Service Framework for Older People [R]. London: Department of Health and Social Care, 2001.

NSFOP 还明确了财务保障、人才支撑、科研支持、医疗服务以及实践决策支持系统、信息系统等方面的标准体系实施的关键要素，以保障医养结合服务的有效融合。此后，政府陆续出台相关政策推动医养结合的深化。2010 年，英国政府颁布《解放 NHS 白皮书》，开启新一轮医养结合改革，进一步整合养老医疗服务资源，为老年人提供更安全、更高效的服务体验。2012 年，英国政府发布《照顾和支持白皮书》，规范了更多医疗和社会照顾服务的细节；同年，英国卫生安全局颁布的《医疗和社会照顾法案》提出了医疗系统和照顾支持服务的明确目标，要求 NHS、临床试验组、监测健康和福利委员会共同承担医疗和社会照顾服务责任，提升服务质量和公众福利。

5.1.2 英国医养结合的协同效应

实现个人全生命周期的身心健康具有长远效应，不仅是一个理想的老龄健康目标，也是一项积极的社会发展战略。英国的医养结合服务从健康老龄化视角出发，以生命个体权利和尊严为核心，以养老保险制度和医疗服务体系为基础，以社区和家庭为载体，注重预防疾病、强化健康管理和促进社会参与，整合医疗卫生服务和社会服务资源，在对老年人生理、心理和生活需求进行科学评估的基础上，设计实施相互衔接的高质量照顾方案。在资源配置效率、跨界力量整合、老年人生命质量等方面，实现了整体价值远大于局部价值的“1+1>2”的协同效应。

（1）提高资源配置效率

英国的医养结合服务通过资源整合与一体化，将医疗与社会服务体系中各个层次的机构有序地组织起来，为老年人提供安全、高质的、无缝衔接和可持续的整合服务，形成融合医院、养老院、社区、家庭之间的整体医疗与整体社会服务模式，强化了医疗部门和社会服务部门之间的协同，减少和避免了重复服务，提高了资源的利用效率。

为了确保资源合理配置，英国的社区照顾服务系统中明确要求，老年人申请护理服务前需要由专业社会工作者和社区护士对其进行专业需求评估，老年人有权利自主选择医疗服务和社会服务，以避免重复的或者不适合的服务。英国卫生安全局于1992年成立了世界上第一个循证医学实践机构——英国循证医学中心,[①] 通过循证医疗和循证护理实践，引导医疗机构重视预防医疗，建立医疗风险监测预警体系，防范医疗风险，提高医疗质量，让老年人安全公平地享有医疗服务。循证强调以最新知识和临床证据为依据，进行干预和专业活动。循证医疗要求使用已经被恰当证明有明显效果的医疗保健措施，提高资源使用效率。循证护理是护理员审慎地、准确地将所能获得的最好科学证据与临床知识和经验相结合，参照服务对象意见，制订出适合实际情况的护理计划，提供相应的护理措施。社会照顾工作者与全科医生、社区医疗工作者密切合作，组成区域健康维护网络，提供“一站式”医疗与社会照顾服务，将老年人疾病急性发病期和康复期的医疗与护理服务相衔接，实现持续照料的同时，也有效地控制和节省了服务成本。

此外，全球移动通信网络尤其是移动应用程序的发展为利用现代技术

---

① 循证医学（Evidence-Based Medicine，EBM）由英国流行病学家阿奇·科克伦（Archie Coehrane）和大卫·萨基特（David Sackett）在1990年提出。英国循证医学中心以循证医学思想先驱阿奇·科克伦（Archie Cochrane）的名字命名，以示纪念。

支持医疗服务，提供了关键支撑。NHS 开发了移动医疗系统，通过信息技术改善医疗护理质量并降低成本。NHS 使用移动应用程序的初衷是能够不受时间和空间的限制帮助患者进行有效的自我支持，以更低的成本提供更好的服务。移动医疗的战略使命是为长期业务机构带来收益，通过普及预防保健知识鼓励自救。从长期来看，移动医疗的实施为现代医疗发展带来了新的契机和活力，推动人们改变医疗保健观念，进行自我健康管理，减少医疗服务体系负担，支持成本有效可持续发展结构。2013 年，NHS 开始实施质量提升计划，将服务提供者收入与医疗服务质量挂钩。如果服务质量能够达到某些特定的效果，比如改善服务对象的心理健康状况、减少不必要的急诊接诊住院等，NHS 将给予奖励，这一举措有效地激励了服务机构进行更有效的资源配置。

（2）跨界整合多元力量

英国的医养结合服务跨界整合了政府、社区、家庭、慈善组织等多元力量，体现了福利多元主义的诉求，倡导福利责任的分权化以及相关利益者的广泛参与，供给主体之间相互协调、优势互补、协同提供更好的服务。政府和社会意识到，单靠某一部门无法提供全面有效的服务支持，将社区、精神健康机构、初级卫生机构与社会服务机构整合的目的是提供充分的社区支持，降低老年人对医院的依赖。这需要医疗机构和社会服务机构最大限度地发挥其资源优势，不同背景的专业人员协同工作的能力是关键因素，要确保医疗服务和社会服务的平衡性，需要协同团队有共同的价值观，并在服务中呈现人性尊严与人文关怀，这也是社会工作的实践基础。

目前，英国整合照料领域最大的机构 AGE UK 成立于 2009 年，其前身是“Age Concern”和“Help the Aged”两个慈善组织，目前该机构已经发展成为拥有多家公司的集团。AGE UK 发起的好好生活（Living Well）计划是整合照料服务在全英国开展的八个实验计划之一，AGE UK 专门成立整合照料服务部门，通过有针对性的资料收集和分析，基于老年人的生理、心理、社会经济等要素开发老年人健康状况评估系统，免费提供多元化非医疗支持、社会保健和社会服务，实现以下目标：①以维护老年人权利与尊严为本，帮助老年人避免非计划性住院和减少住院时间；②以老年人实现自我照顾为目的，降低对于初级、次级和急诊医疗服务使用的依赖；③为个人提供更好的护理和支持服务；④通过以上目标的实现促进社会发展。

（3）提升老年人生命质量

健康权是人人享有的社会权利，是生命个体的终身权利。传统的健康观聚焦健康的终极表现，比如生理疾病状态、心理健康状态、认知能力和日常行动能力等反映健康的结果指标，但是无法提供更深入的机制性解释。现代意义上的健康则从生理、心理和社会等多个维度、综合性地探讨健康的机制，认为健康是一种生理、心理和社会的完全安宁的状态。

医养分割状态下，医疗重治疗轻预防，难以及时有效地预防疾病，难以提供连续统一的医疗服务，甚至会造成不安全的、无效的或者重复的治疗，影响老年人的健康和医疗质量，增加老年人的经济负担和医疗成本。医养结合则通过对各级各类医疗机构和社会服务机构在组织、财务和管理上的纵向一体化管理，构建医养服务联合体，实现医养机构之间的信息有效传递和良好互动，以被照顾者长期、整体健康为核心，协同提供更贴近老年人需求的、不间断的、高质量的照料，通过饮食、锻炼、适应环境和积极有趣的生活习惯养生干预，重视预防和自我健康管理，帮助老年人发现并利用自己的内在资源，延续身体、认知与情感健康，促进老年人自立和参与，让老年人能够感受到对命运的控制力，积极应对衰老，提高生理机能，推动积极老龄化的实现。

质量是医养服务系统的生命，一个有效的卫生系统应该最大限度地避免人们过早死亡，给予病患安全、积极和有效的援助，提高人的生活质量。这些标准是提升服务质量的催化剂。英国的医养结合有效应对了人口老龄化带来的挑战，减少了管理和执行成本，不仅缓解了政府财政压力，也取得了良好的社会效益，显著提升了老年人的生命品质。

5.1.3 英国医养结合服务的启示

英国的医养结合服务鼓励老年人尽可能地独立生活，降低老年人失能发生率，实现对自身住所、医疗及财务等相关的事务的积极充分参与。老年人实现最大限度的独立和最小限度的依赖，有效促进了积极老龄化的实现。

（1）积极的政策环境

在社会阶层分化、社会资源集中向下一代倾斜的现实中，如何保障老年人的尊严与权利是一个严肃的社会问题。社会对获得预防疾病、康复和复杂治疗设定了年龄限制，导致达到可能最佳健康状态的权利随衰老而减少。真正限制老年人健康和参与的并非年龄，而是社会的误解和歧视，这与国际社会倡导的老年人保障、参与和决策权利相悖。1991 年，第 46 届联合国大会通过了《联合国老年人原则》（第 46/91 号决议），提出 18 条原则，包含独立、参与、照顾、自我实现与人的尊严五方面。老年人参与原则第一条：老年人应始终融合于社会，积极参与制定和执行直接影响其福祉的政策，并将其知识和技能传给子孙后辈。老年人照顾原则第二条：老年人应该享有保健服务，以帮助他们保持或恢复身体、智力和情绪的最佳水平并预防或延缓疾病的发生。老年人照顾原则第五条：老年人居住在任何住所、安养院或治疗所时，均应能享有人权和基本自由，包括充分尊重他们的尊严、信仰、需要和隐私，并尊重他们对自己的照顾和生活品质做抉择的权利。

公共政策是对社会利益权威性分配，以政府为主导的公共政策在解决老年问题上发挥着至关重要的作用。20 世纪 90 年代以来，人口老龄化呈现不断加深的态势，有些国家将老年社会政策的重点转向为居家老年人提供更有效的高质量服务和实现积极老龄化，将这两个问题作为老年社会政策的主要支柱，并将健康预期寿命纳入健康水平衡量体系之中，因为人口平均预期寿命表达的是生命的长度，人口健康预期寿命才能反映生命的质量。英国较早地将 NHS 与社会服务系统协同起来为老年人提供医养结合的整合照料，个人基于自身实际需求而不是基于偿付能力或缴费积累来获得高质量的医疗服务和社会服务，这一举措将风险共担行为制度化，实现了再分配，接近于马歇尔的社会公民权利理想，成为积极应对人口老龄化的有效措施。

英国的医疗卫生体系中，医疗服务分为初级、二级和三级。初级服务的提供者为全科医生，针对患者较轻的疾病提供普通门诊服务。二级服务和三级服务的提供者都是医院，二级主要收治急诊、重症患者以及需要专科医生治疗的患者，三级则为重症患者进行更专业化的诊疗和护理服务。英国《国家卫生服务法》明确规定，一般情况下，患者需要通过全科医生才能到二级医疗机构就诊。初级保健团队是提供医疗服务的基本单位，一个典型的初级保健团队包括提供医疗保健的全科医师和护士，他们在社区驻诊，对口服务一万人。常见病患者就医必须先到初级保健团队即社区卫生中心就诊，再根据病情需要转到上一级医院就诊，初级保健团队起到了医疗服务“看门人”的作用。

（2）积极的个人特质

积极老龄化的核心要素是健康、参与和保障，这与积极心理学关注人的积极心理品质，强调人的价值和人文关怀有着同样的逻辑。老年人是社会的重要成员，他们的生活经验和社会经验都应该被重视。但是人口年龄结构的变化使得高龄不再具有稀缺价值，随着信息与传播技术的快速发展，老年人也不再独享知识和智慧，他们倍享尊崇地位的基础日趋瓦解，越来越多的老年人逐渐与社会疏离。

身体的许多功能都遵循“用进废退”规律，适老化设施以促进老年人“自己能做的事情自己做”为原则，能够让老年人最大限度地实现生活自理，防止身体机能的快速衰退，实行健康促进。通过医疗模式介入，提高老年慢性疾病患者对疾病的认知水平，懂得疾病的易感性和严重性，养成自我监测、保持心态平衡等良好习惯，降低不良生活方式对健康的影响，改善生活质量。

心理层面也是如此，医学界和社会科学界研究表明，拥有紧密社会网络的人，罹患心肌缺血与大脑血管等方面的疾病，比那些孤独的人有更好的预后。拥有良好社交网络的人，从疾病中恢复的能力更高，也更长寿。防止心理机能衰退的最佳方式，就是关心生活周遭的状况，参加有趣的活动或者做志愿服务，通过这些活动增加与他人互动的机会，维持健康和有尊严的生活能力，保持健康积极的心态。

（3）积极的服务创新

高品质的医养结合服务有赖于医疗和社会服务领域的创新，英国在这一领域突出表现为运用循证理念实施循证医疗和循证护理，为老年人提供更加科学、专业和有针对性的医疗与社会照顾整合服务，不仅节约了家庭资源和社会资源，也有效地维持了老年人的健康状况与生活质量，帮助老年人保持最大限度的自立和社会参与。

循证医学能够快速地从海量信息中甄别真伪，进行科学的整合并得出更为科学的结果，避免无效措施进入医学实践，推广成本低而效果好的措施，改善医患关系，充分利用有限的卫生资源，提高医疗卫生服务的质量和效率。循证医学不仅发扬了自然科学实验与理性传统，直接将最新的、经过严格评价的证据，以最简要的形式呈现出来，也体现了现代医学对患者个人愿望与价值观的重视。循证护理的目的是谨慎、准确地应用在当前所能获得的最好的研究证据，结合护理服务专业技能和临床经验，尊重被服务者的愿望，制定和实施护理方案。循证医学和循证护理成为21世纪医学实践和护理实践的标准，英国在医养整合服务中推行循证医学和循证护理，有效地提高了临床诊疗工作质量和卫生与社会服务资源配置效率。①

积极应对老龄化，寻求有效的方法让老年人感受到生理机能的提高和对命运的个人控制感，能够提升生命质量，安享健康晚年。有效的老年公共服务应该超越传统的以生物医学为主的片段式医疗照顾模式，代之以社区和家庭为基础，兼顾生理、心理与社会的全面性照顾模式。英国的整合照料提供了一个可供参考的医养结合样本，通过积极的政策和服务创新给予老年人充分的尊重，提供低成本高质量的相互衔接的医养服务，在资源配置效率、跨界力量整合、老年人生命质量等方面，实现了整体价值远大于局部价值的协同效应。世界终将因“银发族”而改变，一个给予老年人充分尊重和有效服务支持的社会，能够赋予所有生命个体拥有健康积极的老年生活。

5.2 美国的综合照护制度

美国在第二次世界大战后大力提倡整合医疗资源和养老资源的“就地养老”（Ageing in Place）模式，其中的老年人综合照护项目（The Program of All-Inclusive Care for the Elderly，PACE）是医养结合的典范。至2016年，美国在32个州拥有118个PACE。PACE总体上降低了医疗保险12%的开支，降低了医疗救助5%～15%的费用。② PACE不仅实现了医疗和养老的整合，也为长期护理服务提供了黄金标准。

① COLYER H，KAMATH P. Evidence-based practice. A philosophical and political analysis：some matters for consideration by professional practitioners［J］. Journal of Advanced Nursing，1999，29（1）：188－193.

② MUI A C. The Program of All-Inclusive Care for the Elderly（PACE）［J］. Journal of Aging & Social Policy，2002，13（2－3）：53－67.

5.2.1 美国 PACE 的形成

随着美国第二次世界大战后“婴儿潮”一代步入老年，养老服务需求数量剧增，更多的老年人表示，独立地享受高品质生活是最优选择。这些可预见的消费需求吸引了医疗保健、住房、金融等产业的制造、供应和服务商，催生了就地养老。就地养老整合养老资源与医疗资源，为老年人提供“一站式”、多元化与个性化服务，支持老年人实现健康、积极、可持续的居家养老。随着人口老龄化步伐的加快，美国各界积极寻求提高生命质量、降低医疗费用的对策。1973 年，由美国老年人事务部和健康服务部共同出资，在旧金山 On Lok（安乐居）社区仿效英国的日间医院的模式，创建了为社区老年人提供日间照料服务的护理中心。1975 年，服务内容扩展到提供饮食、家政服务员上门服务等家庭支持服务。1978 年增加了由家庭医生提供的初级医疗服务。日间照料中心逐渐发展成为 PACE，设有医疗诊所、物理康复设备和娱乐康复设施，提供基本医疗服务和康复护理服务帮助老年人维持身体功能、预防慢性疾病的急性恶化、预防并治愈急性疾病，最大限度地辅助老年人实现独立自主，使其能够在社区中持续生活，降低进入医院或养老院的概率。

1983 年，美国联邦政府主导的医疗保险（以下简称 Medicare）以及联邦和州政府共同出资的医疗补助（以下简称 Medicaid）为参加 PACE 的老年人提供资金支持，享受医疗保险和医疗补助的老年人参加 PACE，获得的资金援助直接投入 PACE 中，参与者无须另行付费。1986 年美国政府通过立法在全国建立起多个 PACE 示范。1997 年，美国国会通过《平衡预算法案》，将 PACE 正式纳入医疗保险和医疗补助体系之中，PACE 成为医疗保险支付范围内的永久性服务项目。

5.2.2 美国 PACE 的内容

PACE 通过专业团队[①]与老年人及其家属一起，观测老年人的身体和心理状况、居所环境以及个性等，基于完整的长期随访系统，定期检测评估老年

---

① PACE 通过长期签约雇佣专业人士组成相对稳定的专业护理团队，一个团队由 1 个全科医生、1~2 个护理医师、1~2 个治疗师，以及若干护士、营养师、护理员、社会工作者、司机等多领域从业者组成。

人各项功能状态和生命体征，记录跟踪参与者情况，发现老年人的潜在健康问题，将老年人所需医疗服务与社会支持服务整合起来，将急性病和慢性病的长期医疗整合起来，为达到入住护理院标准的社区老年人提供三类服务：①全面的医疗服务、康复服务和社会支持服务。医疗服务包括基础医疗服务、急诊服务和慢性病长期服务，在日间照料中心完成，或者通过电话咨询和家庭随访开展。若老年人住院，PACE 初级保健医生与医院医生沟通，全面掌握老年人的健康状况。PACE 将急性和慢性疾病[①]服务统筹起来，最大限度地稳定慢性病，降低老年人进入医院或养老院的频率，辅助老年人更长时间在社区内生活，同时减少不必要的医疗花费。②通过远程监护实现全面的院外康复。患者经医治出院后的院外监护对其全面康复非常重要，1/5 的病人在出院后 1 个月内会再次住院，造成医疗资源的巨大浪费，其中有接近 70% 的病人不需要再住院。医疗大数据分析发现引起患者住院的相关因素，进行及时干预，有效降低再住院率。[②] 治疗师在日间照料中心和家庭随访中开展康复服务，判断病人的健康状态，及时调整护理方式，最大限度地保持和恢复老年人的身体功能，保持他们的认知能力，减少再住院。③社会支持服务由专业人员考察老年人家居环境，对一切可能导致伤害的环境进行适老化改造，并对老年人家属开展心理援助，使其获得适当的休整。当所提供的非医疗性质护理无法满足老年人需求的时候，PACE 并不立即退出，而是帮助他们找到更合适的服务机构，成为老年人的支持性资源。

Medicare 和 Medicaid 以“按人计价”的方式向 PACE 支付包含所有医疗健康服务和社交活动支出的费用，PACE 不能限制服务数量、时间或者范围，因此需要承担可能出现的财务风险，需要在固定资金额度下保障服务质量，对老年人进行健康管理，减少其生病住院产生的费用。比如牙科治疗不被医保覆盖，PACE 就主动为老年人治疗牙齿，避免口腔疾病和营养不良导致更严重的健康问题。

---

① 研究显示，随着生命周期的延长，慢性非传染性疾病是老年健康的最大威胁，并形成“井喷”格局，这些长期带病生存的慢性病患者需要科学的治疗方案，以及连续性、综合性和个性化的社区干预服务。

② 许利群．移动监控和智慧医疗——互联网＋下的健康医疗产业革命［M］．北京：人民邮电出版社，2016.

5.2.3 美国 PACE 的效果

美国的养老机构有较大比例的失能和半失能老年人。PACE 为老年人提供融日常生活照料、医疗康复、精神慰藉、紧急救护为一体的全方位服务。参与项目的机构在达到相应的服务质量的前提下，以“按人计价”的方式获得 Medicare 和 Medicaid 的财务支持。PACE 的评估结果显示，从长期来看全方位服务能够有效降低老年人住院的频次和时间，从短期来看，有助于提升老年人的身心状态及生活质量。①

美国医疗保险和医疗补助服务中心（Center for Medicare & Medicaid Services，CMS）与各州管理署共同对 PACE 机构进行监管和审核，监测评估 PACE 机构的组织架构、运营规范、提供的服务内容与流程等。PACE 需要遵守 CMS 和州管理署的相关条例，按照要求收集服务对象健康情况数据、保存随访医疗记录和保健计划、提交服务提供情况、财务、员工培训等报告。

PACE 多学科服务小组中经验丰富的老年科医生是决策者，通过小组成员对老年人的探访以及与家属的沟通，评估老年人的身体、心理、兴趣以及居所环境等情况，与老年人家属共同制定适合老年人的各项服务。科学严谨的团队工作方法，有效地保障了高质量的健康护理，不仅提高了服务质量，还节约了健康成本。在过去的 30 多年里，PACE 得到广泛关注与肯定，截至 2021 年 2 月，全美 31 个州共有 273 个 PACE 中心。作为一种有效的医养结合模式，PACE 对美国的养老服务产业和医疗保健产业产生了深远的影响。

5.3 日本的介护保险制度

有“银发之国”之称的日本“少子高龄化”现象日益严重，自 20 世纪 70 年代进入老龄化社会以来，日本的老龄化程度日益加深。到 2018 年年末，日本 65 周岁及以上人口占总人口比重高达 28.1%，步入“超级老龄化”社会。2013 年，日本经济研究机构发布《医疗与介护连携研究项目报告》，将“医疗与介护

① CHATTERJI P，BURSTEIN N R，KIDDER D，et al. Evaluation of the Program of All-Inclusive Care for the Elderly（PACE）Demonstration：The Impact of PACE on Participant Outcomes［R］. Cambridge：HCFA，2001.

连携”定义为不同阶段的护理服务需求在合适的场所、合适的时间得到持续、合理服务的一种行为。这种护理服务既包括医疗服务，也包括长期照护服务，以此维护老年人的功能发挥，维护他们的基本权利、自由和尊严。日本的卫生保健模式优先以初级卫生保健和社区卫生保健为导向，包括从住院治疗转变为门诊治疗，实施更多的以家庭社区为基础的干预措施，建立整合的转诊系统。

日本老年公共服务供需矛盾突出。由于受儒家文化影响，日本非常重视家庭养老，养老服务在社会化的同时也与家庭保持密切关联，发展出居家护理制度，通过医疗和养老服务资源的整合，兼顾疾病预防、照护、健康促进和福利的一体化，满足老年人多元化的医养康护服务需求，帮助老年人在熟悉的环境中维持原有的生活方式和社会关系，实现有尊严的自主生活。

对老年人的照料应当超越疾病的治疗，并应考虑到体力、智力、社会、精神和环境诸因素之间的相互依存关系，以促进他们的全面身心健康。保健和社会部门以及家庭共同来改善老年人的生活素质。保健工作，特别是作为一项战略的基本保健工作，应设法使老年人能够尽量在其家庭和社区独立生活，避免将其摒弃于一切社会活动以外。长期护理保险将基本护理（生活照顾）和技术门槛较低的护理、康复，从医疗服务中剥离出来，归为社会服务，以减轻医疗保险和医疗服务的负担。

5.3.1 日本介护保险制度的缘起

20 世纪 70 年代，日本迈入老龄化社会。① 日本实施“老年人医疗免费”政策，由此引发“社会性住院”现象：老年人长期住院，占用床位，医疗费用急增，医疗保险的财政压力巨大。日本卫生署数据显示，65 岁以上老年人有 17% 需要长期护理，在无法获得持续支持性康复治疗的情况下，老年人长期住院实属无奈之举。老年人免费医疗支出膨胀，政府不得不反思对老年人的福利政策，出台多项政策以缓解医疗财政压力。

1982 年，日本制定了《老年人保健法》，提出两大措施。一是将健康划分为保健和医疗，保健对象是 40 岁以上居民，市、町、村负责开展定期免费

① 第二次世界大战前，日本 65 周岁以上老年人口占总人口比重是 5%；1973 年，上升至 7%；2015 年，达到 24%；预计到 2050 年，将超过 40%。

体检、健康咨询宣教等，费用由国家和地方两级政府负担；医疗对象是70岁以上老年人和65岁以上卧床老年人，住院不再完全免费，个人承担一定比例的费用。二是提倡居家养老，推广开设介于家庭和养老机构之间的“日托看护”设施、介于养老机构和医院之间的具有医疗与养老功能的“老年人保健”设施。这些设施由社会福利法人、医疗法人、地方公共团体建立，政府给予补助或者特别融资。此举使得原来必须在医院进行的诊疗可以在老年人家中或社区进行，降低了医疗照护成本。日本厚生省为此专门设立老年人保健福利局，为老年人提供定期健康体检、健康培训和营养管理等服务，以后逐渐发展成包括中年群体在内的，以预防为主的医疗保健服务体系。

1989年，日本政府出台了《推进老年人保健福利的十年战略》（即“黄金计划”），继续扩建老年人保健设施、日托看护设施等社区照顾综合护理机构，推进居家护理服务，政府开始为所有老年人提供长期医疗服务。“黄金计划”的提出，标志着政府开始着手解决社会老龄化带来的问题。1991年，日本修改《老年人保健法》，提出设立老年人访问护理制度，加大中央政府财政投入力度，将福利措施管理权下放到市、町、村等基层政府，设置福利服务人才咨询中心，培养专业护理人才，完善社区居家养老服务体系。

2000年，日本出台了《介护保险法》，开始实施长期护理保险制度，以回应人口老龄化带来的日益突出的老年人护理问题，将原本由医疗保险支付的护理费用分离出来，通过支付护理保险金，避免护理服务挤占医疗资源。介护保险的出台，一方面减轻了以往医疗系统承受的巨大费用支出压力，另一方面降低了家庭照护者的负担，为被保险人群提供整合了卫生保健和福利服务的综合保险方案。护理保险参保者是40岁以上的居民，保险按照年龄设定不同的缴费方式和系数：65岁及以上的老年人，保费由政府和个人各承担50%；40~64岁，保费由政府承担50%（中央政府25%，地方两级政府各12.5%），单位和个人共同承担50%；贫困人口免缴个人承担部分。65岁以上可享受护理服务，个人支付10%的费用，中央和地方各承担45%。日本的介护保险注重平衡社会各阶层的能力和功能发挥水平，通过贫困人口免缴个人应付费用，缩小了老年个体间整体不平等的差距。《介护保险法》的目的是将护理问题纳入国家社会保障体系之中，让所有老年人能够有尊严地度过与其具有的能力相适应的自立生活，基本原则是使老年人能够在社区里尽可能久地维持独立生活。2003 年，日本政府提出了以人为本的单元照护模式，建设大量的小型团体之家，提供类似家庭环境氛围的全天候照护服务，将重点从标准化的照护实践，转变为医疗保健所需的架构和人员上，这种模式有效增加了卫生保健的灵活性。长期照护旨在确保存在严重失能的老年人也能够实现健康老龄化。这一目标通过两种机制得以实现，一是最优化被照护者的内在能力变化轨迹；二是通过提供必要的支持性环境和照护服务，维持被照护者一定水平的功能发挥，以代偿失能。① 因此，长期照护必须遵循两个重要原则，一是失能老人依然有自己的人生，他们有权利实现人生的意义和获得尊重；二是在失能状态，人的内在能力也是一个变化的过程，有些情况下的能力衰退轨迹是可以遏止或改善的。要充分满足个体的需求，最有效的措施就是优化其能力变化轨迹，减少通过其他照护机制来代偿能力不足的需要。

日本的老年介护保险制度特别注重预防体系的建设，在 2005 年改革中提出新增护理预防服务，从老年人的自发性、社会性和主体性出发，建设各类具有创意文化理念的护理机构，服务内容包括体检、康复、文娱和运动治疗等，充分体现保健、医疗和护理服务的整合，通过疾病预防和社会支持，减少进入护理状态的老年人数量，控制照护需求的增长速度，缓解长期照护保险资金支出压力。②

日本前首相安倍晋三说，日本的老龄化和少子化是日本国难，必须解决人口问题，实现“一亿人总活跃”的社会。日本政府计划将日本 60 ~ 64 岁人口的就业率提高到 67%，鼓励日本企业返聘已经退休的老年人。

5.3.2 介护保险催生了居家护理市场

日本介护保险制度的实施催生了居家护理市场的繁荣，大量民间资本进入居家医疗养老服务产业，满足老年群体的健康和积极独立的生活需求。居家养老以老年人自立为核心理念，依托社区开展综合服务：①在社区设置居家照护用品和辅具专营店供老年人租赁，居家照护用品协助照护者进行相关

① World Health Organization. World Report on Ageing and Health [R]. Geneva: WHO, 2015: 121.

② 刘晓梅，成虹波，刘冰冰．长期照护保险制度的脆弱性分析——日本的启示与我国的反思 [J]. 社会保障研究，2019 (2): 93 - 104.

服务提供。②进行居住环境的适老化改造。③在社区开设老年日托所进行康复训练。这些产品或服务均可申请使用介护保险金支付费用。老年人根据自己的意愿选择护理服务，确保自立与尊严。介护保险制度的终极目标是维护和强化老年人的功能发挥。因为老年人不需要的或者夸大他们身体衰弱的帮助行为，会悄无声息地损害他们的身心健康，如果自有技能一直不用，会加剧身体机能丧失，即所谓的“用进废退”。介护保险需要照护者关注更多的领域，因为老年人是否需要照护和支持，往往没有明显分界点。从预防出发，辅助老年人尽自己能力做喜欢的事情，加强他们的活动能力，防止其身心功能、活动等生活功能下降，延缓陷入需要护理的状态，或者防止状态恶化，保障生活质量。

很多关于老龄化的争议都认为，老龄化与医疗卫生服务需求不可控制地增加密切相关，但是实证研究证明，与临床应用和新兴技术的改变相比，老龄化对医疗卫生费用激增的影响非常小。世界卫生组织提倡的以人为本的整合型医疗卫生保健服务，已经被证明不仅能提高老年人的生命质量，而且支出也并不比传统的卫生服务高。

日本的居家护理是医疗系统与介护保险实现协调合作的有效实践，将临床的重点从治疗疾病转移到改善人的内在能力上，完善医疗卫生人力资源以更好地提供新系统所需要的医疗卫生服务。分级诊疗制度是破解就诊病人流向不合理和医疗卫生资源配置不均等问题的关键要素。日本的分级诊疗和预约制度是介护保险得以发挥政策效应的基本保障。但整体而言，日本的长期照护的质量并不高，主要由于长期照护与卫生保健在管理和使用层面均缺乏有效整合，社会照护与支持和主流卫生服务的分隔，导致服务覆盖面的不连续，造成长期照护的供给缺口，以及不当使用经济医疗保健服务。

5.3.3 居家护理的效果

日本居家护理服务的首要原则是尊严，自己能做的事情自己做，是个人尊严的重要体现。日本提倡终身参与和终身学习理念，鼓励老年人加入老年大学，了解社会变化，理解年轻人，学习“与年轻人协调解决问题”“参与社会服务活动”等有助于身心健康的内容，以“提高与年龄相应的社会活动能力”，这些被视为体现生命意义的福利政策，是健康老龄化和积极老龄化的应有之义。原则之二是以预防为主，介护保险有三级预防保健体系，增加较低护理需求等级的预防性待遇，及早提供预防护理改善老年人的体力、营养状况、口腔功能、精神健康等，防止老年人健康状况恶化。护理预防活动的主要理念是帮助老年人恢复身体功能，推迟接受介护保险服务的时间，从源头上减少需要护理的人数。

随着日本居家护理制度的发展，护理机构数量增多，公共财政支出剧增，护理服务质量监督成为一个公共政策议题。日本政府自 2013 年起，原则上不再批准新建养老院，鼓励发展家庭生活支援机器人，通过科技智能来推动居家养老发展。居家护理制度监管在中央、县和市三级政策层面按照宏观、中观和微观的层次开展：中央负责制定政策和标准；县政府为服务提供者颁发许可证，开展检查工作；市政府实施计划和具体管理。评估和质量管控体系完善，科学、系统的评估模式能够保证老有所养、老有所依，又能够物尽所用，充分有效利用资源，避免浪费。可以说，日本的介护保险制度完善了老年社区服务，其中，大量小规模多功能的社区服务站作用突出。服务站配有日托护理、上门服务、短期居住和长期居住等老年人基本服务功能，以小规模功能体形式嵌入社区，维系老年人原有的居住模式、人际和地域情感关系。以社区为基本单元，在生活区域内提供整合式服务，让老年人得以就近便捷地享受连续性护理服务，适应老年人的身心变化。

长期照护制度的基本原则，一是以最大化内在能力为出发点，将能力缺失代偿到一定水平，保持老年人的功能发挥、保证其尊严和福祉；二是以老年人能够实现自我管理的方式开展照护服务，实现老年人的作用最大化。长期照护筹资需要考虑三个目标，一是形成充足的财政资源，二是保证贫困群体的服务可及和可负担，三是用最符合成本效益且公平的方式使用资源。

创新的健康辅助技术远程监控和护理机器人等人工智能产品，能够促进能力衰退的老年人的功能发挥，提高老年人及其护理者的生活质量，减少个体和社会的经济支出。对照护者提供支持，可以提高照护质量，一是对其提供有关老年健康的相关知识和实用技能的培训，可以减轻照护者的压力；二是为家庭成员等非正式照护者提供喘息服务，即暂歇照护，通过将被照护老年人安置在有监管的安全环境中，让照护者得到暂时的休息和调整，减少他们的照护压力。暂歇照护可以在老年人家中进行，也可以在居住式养老机构或者日间照料中心进行。

5.4 新加坡的积极老龄化制度

1982 年，联合国在维也纳召开第一次老龄问题世界大会，通过了《1982 年老龄问题维也纳国际行动计划》，指出老龄问题不仅是保护和照顾老年人的问题，也是促进老年人参与家庭生活和参加社会活动的问题："旨在造福老年人的政策和行动必须向年长人士提供满足其自我建树的需要的机会。从广义上说，自我建树的定义为通过实现个人目标、愿望和潜力达到满足。重要的是为老年人制定的各项政策和方案应能促使老年人有机会自己发挥其力所能及并有益于家庭和社区的各种作用。"作为对传统的过度强调保护的养老理念的调整，世界卫生组织于 2002 年提出积极老龄化这一理念，强调政府和社会应当鼓励和支持老年人以积极乐观的生活态度，力所能及地持续参与社会经济文化活动，以维持其身心健康活跃，提高生命质量。

人体老化具有四个明显特征：一是临床与生理学定义为系统性功能储备减少；二是身体自我纠正稳定性方面的衰退；三是身体对环境反应或适应能力下降；四是身体对压力适应性降低。积极正向的老化特质被称为"成功老化"（Successful Ageing）。新加坡政府主导的"幸福老龄化行动计划"，基于个人责任与政府支持相结合的原则，通过综合医疗保障、培训与就业支持、老年友好环境营造、健康生活倡导四个方面，致力于成为积极老龄化实践的典范。

据新加坡国家人口及人才署公布的《2018 年人口简报》数据显示，截至 2018 年 6 月，新加坡总人口为 564 万人，65 岁及以上年长者占比从 2008 年的 9.6% 增加到 15.2%，步入深度老龄化社会。据推算，到 2030 年，新加坡 65 岁及以上人口比重将达到 22.2%。① 作为亚洲人口老龄化速度最快的国家，新加坡早在 20 世纪 50 年代就着手解决人口老龄化问题。为了回应年长者的

---

① 苏瑞福．新加坡人口研究［M］．薛学了，等译．厦门：厦门大学出版社，2009：315.

各方面需求，新加坡政府陆续推出了不同的政策措施，从中央公积金制度的建立和完善、各项老年救助措施的出台，到政府、社会、机构等多元主体联合应对老龄化问题，出现了诸多创新之举。这些措施强调“自我积累、自我保障”的理念，是新加坡强化社会安全网的重要内容。①

2015 年，新加坡人口老龄化部长级委员会推出“幸福老龄化行动计划”（Action Plan for Successful Ageing），以更好地协调整合一系列老龄政策，政府投入 30 亿元，由卫生部、交通运输部、教育部和人力部等多个部门联合民间团体协同实施该计划。“幸福老龄化行动计划”涵盖 12 个领域②的 70 多个项目，旨在创新社会化养老理念，全方位照顾年长者生活所需，建立亲老龄社会，让人们幸福安享晚年。

“幸福老龄化行动计划”有四个主题和目标，一是构建质优价廉的 3Ms 医疗保障体系，满足人口老龄化的综合医疗服务需求；二是为老年人创造更多就业机会，允许老年人继续工作以赚取收入，保持经济独立；三是打造全龄友好型健康城市，营造无障碍生活环境，建立配套的交通体系，确保老年人在社区生活方便；四是倡导健康积极的生活方式，令老年人保持身心健康。

5.4.1 构建质优价廉的 3Ms 医疗保障体系

新加坡人口老龄化程度不断加深，使得医疗供需关系日益紧张。新加坡政府认为慷慨的医疗保障体系会导致滥用和浪费，因此医疗财政一直采取谨慎态度，形成以市场为基础、基于个人责任与政府支持的混合出资模式，将纵向自我积累与横向社会共济相整合，在控制成本、限制补贴和保证医疗服务质量之间维持平衡，通过 3Ms 医疗保障体系，提供了“高质量低成本”的医疗服务。③ 见表 5－2。

① 自新加坡行动党执政以来，自力更生就是新加坡体制的核心政策。20 世纪 60 年代，建国总理李光耀阐明，要消除人民指望政府养活的心态，因为有求必应的福利制度和无原则的津贴会摧毁人民力争上游和求取成功的推动力。新加坡的老龄政策也以此为基本原则。

② 12 个领域包括身心健康、学习、志愿服务、就业、住房、交通、公共空间、尊重与社会包容、退休需要、医疗与乐龄保健、弱势年长者的保护，以及有关老龄化的研究。

③ 哈兹尔廷．价廉质优：新加坡医疗的故事［M］．王丹，译．北京：化学工业出版社，2016.

表 5-2　新加坡 3Ms（MediSave + MediShield + MediFund）医疗保障体系

3Ms	保健储蓄 MediSave 1983	健保双全计划 MediShield 1990	保健基金 MediFund 1993
性质	强制性 中央公积金与健康相关的第一个扩展	强制性 中央公积金与健康相关的第二个扩展	政府为贫困病患支付医疗费用的捐赠基金 健康的最后一道安全网
目的	个人有责任为健康储蓄，平衡可负担性与过度医疗	保障罹患重病或慢性病的病患	避免少数贫困病患因无力支付医疗费用而破产

（1）保健储蓄（Medisave）

3Ms 医疗保障体系中的第一个“M”是保健储蓄（Medisave）。1983 年，新加坡颁布了首个综合性《国民健康计划》（*National Health Plan*），实施全面医疗发展策略，旨在提高医疗系统的成本效益，保持医疗费用的可负担性，满足人口增长带来的健康需求与整个社会持续提升的健康期望。《国民健康计划》宣布在个人中央公积金（Central Provident Fund，即 CPF）中开设一个强制性保健储蓄账户，目的是帮助新加坡人为医疗而储蓄。雇主和雇员按照每月工资的固定比例①向保健储蓄账户缴费，用来支付雇员医疗服务以及医疗保险项目。自雇者则由政府通过多项计划直接向保健储蓄账户拨款，比如 2007 年以来的“就业入息补贴计划”（Workfare Income Supplement Scheme）每年向保健储蓄账户补充款项，用以补充老年低收入工人的工资和中央公积金储蓄；2011 年推出的“发展和分享计划”，根据每个家庭年收入和家庭财富不同，向家庭成员的保健储蓄账户注入不同的补贴金额；2012 年，新加坡政府通过“消费税补助券计划”（GST Voucher Scheme），每年向 65 岁以上老年人保健储蓄账户提供额外补贴。政府还直接提供资金给公立医院、综合诊所和其他医疗服务机构，报销一部分诊疗患者的费用，并为那些自愿为员工保健储蓄账户缴纳更多数额的公司减免税收。

保健储蓄账户的钱属于缴费者，但是政府根据人口和医疗环境的变化以及民众的需求对其支出制定了指南并不断修改调整，以平衡可负担性和过度

① 缴费比例视员工年龄而定，为工资的 7% ~9.5%。政府也鼓励自雇者定期将收入部分存入保健储蓄账户，以确保他们需要时有足够的金额负担医疗费用。

医疗，防止保健储蓄账户资金枯竭。保健储蓄账户支出范围不断扩大，可用于支付住院费用、日间手术和某些门诊费用。随着新加坡人口老龄化程度的不断加深，带来日益复杂多元的慢性疾病医疗需求。2006 年，新加坡卫生部启动了“慢性疾病管理计划”（Chronic Disease Management Programme，即 CDMP），该计划允许使用保健储蓄账户资金支付普通慢性病门诊费用，[①] 鼓励人们在初级医疗机构中系统化地治疗和管理慢性病，减少住院需求。

此外，保健储蓄允许直系亲属动用彼此账户的资金，家庭成员共享福利、共担费用，在一定程度上共同抵抗疾病风险。保健储蓄保障了医疗服务的可及性，同时有效避免了医疗资源的过度利用和浪费。

（2）健保双全计划（MediShield）

3Ms 医疗保障体系的第二个“M”是健保双全计划（MediShield），是新加坡中央公积金的第二个医疗部分延展。自 1990 年设立以来，保健储蓄随环境变化而不断调整，目前已成为继保健储蓄之后的第二个强制性医疗保障金融计划。世界卫生组织 2016 年数据显示，新加坡新生儿的健康预期寿命是 76.2 岁，人均预期寿命为 84 岁。这意味着新加坡老年人平均有 7.8 年的带病生存期，寿命越长，所需照料和治疗就越多，高额开支可能会耗尽保健储蓄账户资金。保健储蓄协助老年人及其家人应付医治重病的高额医疗开销。

保健储蓄保费随年龄而不同，但是数额都很小[②]，付费方式是从保健储蓄账户中扣除。待遇给付方面，遵循个人对健康负责的原则，虽然在保健储蓄覆盖范围和报销额度方面都做了限定，但是仍能支付大部分医疗开销，覆盖范围包括致死性慢性疾病和需要长期照护的疾病，可以支付医院照护、外科手术和移植手术的费用，也可支付门诊肾透析以及癌症化疗和放射治疗费用。每年报销最高限额为 10 万新元，终生保障没有限额[③]。

---

① 保健储蓄可以用于支付普通慢性病的门诊治疗费用，包括糖尿病、高血压、哮喘、慢性阻塞性肺疾病、精神分裂症、重度抑郁症、躁郁症等。个人承担 30 新元的自付额和占总费用 15% 的共付额，保健储蓄账户支付其余部分。

② 2012 年，29 岁成年人年缴费是 33 新元，49 岁是 114 新元，62 岁是 372 新元。

③ 2012 年，新加坡对公共医疗政策进行改革，其中的一个重要措施是将侧重于大病医疗的公共保险推向全民化和终身化，政府为低收入群体提供更多的财政支持，确保他们病有所医。

初期的保健储蓄支付人群有年龄限制①，保费较低，改为终身保障后，保费也随之上涨。新加坡卫生部积极研究对策，为了帮助减缓老年人退休后保费上升带来的经济负担，政府颁布了“建国一代援助方案”②，旨在帮助老年人支付保健储蓄保费，使他们无须为健康照护担心。保健储蓄作为政府主导的终身健保计划，提供的是基本医疗，公民如果需要更高级别的医疗服务，可以自费购买保健储蓄中批准的私人保险计划——综合健保计划（Integrated Shield Plans），也可以购买商业保险，比如新加坡合作保险协会下的“i－医疗保险”（i-MediCare）项目，此项目涵盖了全科诊疗、急症护理、专家诊疗以及住院费用等。

（3）保健基金（Medifund）

3Ms 医疗保障体系的第三个“M”是保健基金（Medifund），是针对贫困病患的政府保障基金，是继保健储蓄和健保双全计划之后的一道兜底性质的“安全网”。1993 年，新加坡政府设立了一个数十亿美元的捐赠基金，以帮助那些在使用保健储蓄和健保双全计划账户资金后，仍然无法支付医疗账单的人。保健储蓄中余额很低或者没有余额的老年患者拥有享有保健基金的优先权③。

保健基金的救济条件是：①被救济者是新加坡公民；②接受的治疗是有补贴的；③在经过保健基金批准的医疗机构接受治疗，包括中期和长期的护理机构、医院和国家专业医疗中心；④患者在接受政府补贴、使用保健储蓄和健保双全计划账户资金后，仍然无法支付医疗费用。保健基金的运作流程是：卫生部每年向通过保健基金批准的相关机构④付费，患者在有资质的机构的医务社工指导下申请资助。每家机构都有一个由政府任命的医疗基金委员会，负责对提出的申请进行审核、批准或者驳回。给予患者的救济金额取决于患者及其家庭的收入、医疗条件和医疗费用。

---

① 2012 年之前，保健储蓄保障 85 岁及以下的人，2012 年将这一年龄提高到 90 岁，2013 年取消了年龄限制，变为终身保障。

② 最初新加坡政府为“建国一代”提供的补贴随着年龄增长而增长：65 岁补贴保费的 40%，90 岁补贴 60%；2014 年以后，80 岁以上的参保人终身保健储蓄保费全免。

③ SINGH M. Health and Health Policy in Singapore［J］. ASEAN Economic Bulletin，1999，16（3）：330－343.

④ 这些机构包括有资质的公立医院、中长期护理机构和其他医疗机构。

近年来，新加坡高龄化程度加深加快，越来越多的年长者需要中长期护理服务。2007 年，新加坡政府在健保双全计划中设立专门针对 65 岁及以上老年人的专项基金——银发族医疗基金（Medifund Silver），帮助年长者支付中长期护理费用。保健基金资助对象有明显变化：与 2016 财年相比，2017 财年获得资助的中长期护理机构贫困病患个案增幅高达 23.7%，获得资助的公立医院和医疗机构个案增幅仅为 1.7%。[①] 政府对中长期护理领域倾斜拨款，也是配合医疗政策“超越医院护理，将重心转移至社区”的一个举措。

2017 财年，新加坡政府共为保健基金注入了 5 亿新元，本金总额达到 45 亿新元。保健基金的贡献在于保障患者不会因为无法支付医疗费用而破产。

5.4.2 为老年人创造更多就业机会

积极老龄化主张老年人参与教育和社会经济活动，因为健康和有能力的老人是家庭和社区的重要人力资源，能够为社会经济发展继续作贡献。新加坡社会强调每个人都要为自己的身心健康负责，当社会需求不断增加时，如何提供更多持续性发展的社会项目，而不将开支转移给后代，有效避免代际矛盾，是一个巨大的挑战。为老年人提供更多工作机会、帮助他们实现终身学习与培训，是新加坡回应这一挑战的有力举措。

（1）提高受雇年龄

新加坡人的平均预期寿命从 1965 年的 65 岁延长到了 2017 年的 84 岁，“健康调整预期寿命”（Health-Adjusted Life Expectancy，HALE）也有大幅提高，男性 HALE 从 1990 年的 65.8 年提高到 2015 年的 72.3 年，女性同期 HALE 从 69 年提高到 75.2 年。[②] 如果健康寿命的延长速度相当或者超越整体预期寿命，老年人就应该是经济社会发展的主要推动力，老龄化不应该仅仅被视为“银色海啸”，其中也存在“一线希望”。新加坡找到了为老年人扮演社会贡献者角色创造机会的制度支持，即提高受雇年龄。

1999 年之前，新加坡法定退休年龄是 60 岁。1999 年，政府将法定退休

① 黎远漪．保健基金援助额上财年增加 4.1%［N］．联合早报，2018－11－30。

② 数据来源：https://www.moh.gov.sg/resources-statistics/singapore-health-facts/population-and-vital-statistics。

年龄提高到62岁，为了鼓励雇主配合这一政策，允许雇主为年满60岁员工减薪10%。2012年，新加坡国会通过《退休与重新雇佣法案》，规定年满62岁法定退休年龄的员工，只要健康状况和工作表现良好，雇主就有法律义务为他们提供重新受雇的机会，直到他们65岁。2017年，新加坡国会通过《退休与重新雇佣（修正）法案》，于2017年7月1日起，将重新雇佣年龄顶限从65岁调高到67岁，这意味着雇主将有法律义务，为7月1日之后满65岁的本地员工提供重新雇佣到67岁的选择。与此配套的措施是，新加坡政府宣布从2017年7月1日起，取消允许雇主为年满60岁员工减薪的法律规定。新加坡人力部发布的《新加坡人力资源2018》（*Labour Force in Singapore 2018*）报告中的数据显示，2018年，65岁以上人口受雇比例为26.8%。

从政府角度来看，新加坡一直强调养老靠自己的理念，“全民参与”政策要求每个人都要自力更生，提高受雇年龄能够强化老年人的财务安全，减轻对家庭和政府的依赖。从个人健康角度来看，在条件允许的情况下，保持心理和生理的活跃有益于健康。安享晚年并不等于赋闲，身心健康的老年人更愿意继续工作，不仅获得收入，还能够与社会保持接触，实现自我价值。

（2）开展继续教育

到2020年，新加坡65岁以上人口将超过60万人，其中85%将会是健康且有活力的，这是社会不可忽视的重要人力资源。要实现老年人的社会参与，需要进行老年人力资本投资，为其继续工作提供必要的支持。除了雇主需要履行企业责任，老年人也需要不断提升身体健康状况和工作技能，保持其胜任工作岗位的能力。

为了实现老年人继续受雇，新加坡政府与志愿福利团体、学校、企业和社区义工等机构合作，提出继续教育培训（Continuing Education and Training，即CET）、就业培训计划（Workfare Training Scheme，即WTS）等项目，帮助老年人提高工作技能，保持活跃状态，融入社区。职场保健劳资政三方监督委员会与高等教育机构合作管理老年员工的培训，让老年人掌握职场所需技能，政府也为企业推出重新设计工作的工具指南，为老年人提供更多的社区内的工作。

5.4.3 打造全龄友好型健康城市

老年人身体和智力上可以完成的事情是他们内在能力的一部分，实际上可以完成的事情，取决于他们与所在环境相互适应的情况。老年人常见的身心变化会限制活动，但是很多能力是可以培养的，环境可以扩展个体的行为能力。比如，借助轮椅可以使行动不便的老年人到外面活动，便利的公共交通可以使老年人到达他们想去的地方。如果没有这些适应性设计的支持，能力衰退会导致老年人的健康持续恶化，增加跌倒和抑郁的风险，这些损伤将对老年人的自主权、社会参与和福祉产生不利影响，进而影响功能发挥的其他领域。① 活动能力衰退所导致的损失还会延伸到个体之外，社会关系也是健康老龄化的重要组成部分，积极的社会关系可以拓展资源，建立信任并获得社会支持。良好的社会网络可以增加老年人的寿命，提高其生活质量，防止或者延缓功能衰退，增强身体复原力。

新加坡积极打造全龄友好型健康城市，使得老年人从各种支持性的环境中获益。20 世纪 70 年代新加坡第一家老年人活动中心首次以“乐龄中心”（Active Ageing Hub）概念命名，此后，新加坡社会将 55 岁以上的人均称为“乐龄”人士，体现出活跃和快乐老化的理念。新加坡婴儿潮后期出生的人逐渐进入老年阶段，这些人受教育程度高，经济条件好，更重视独立和隐私，大多数选择不与子女同住。为了让更多的老年人安全便捷地独立生活，新加坡不断完善包括出院康复护理、过渡性康复设施、家庭照护在内的综合照护服务，营造无障碍生活环境，建立配套的交通体系，建设附带养老和幼托设施的公共住房，鼓励跨代交流，保障老年人不论是居家社区养老还是机构养老，都能够保持与社会相关联，促进其身心健康。

（1）营造无障碍环境

活动能力对于健康老龄化非常重要，因为活动是完成家务、使用社区

① YEOM H A，KELLER C，FLEURY J. Interventions for promoting mobility in community-dwelling older adults [J]. Journal of the American Association of Nurse Practitioners，2009，21（2）：95－100. WEBBER S C，PORTER M M，MENEC V H. Mobility in Older Adults：A Comprehensive Framework [J]. The Gerontologist，2010，50（4）：443－450. NORDBAKKE S，SCHWANEN T. Well-being and Mobility：A Theoretical Framework and Literature Review Focusing on Older People [J]. Mobilities，2014，9（1）：104－129.

设施、参与社会活动的必要元素。活动包括主动的躯体运动，也包括借助于交通工具而发生的运动。老年人能否完成自己认为重要的事情，不仅取决于其内在能力，还取决于其生活环境中存在的各种资源和障碍。无障碍环境是指实现进入、接近和利用境遇或与之联系的选择自由，是现代社会文明的体现。1974 年，联合国首次提出无障碍设计主张，强调在科技快速发展的现代社会，一切有关人类衣食住行的公共空间环境、建筑和设备的规划都应该充分考虑和满足具有不同程度能力衰退群体的使用需求，营造一个充满爱与关怀、保障安全、方便、舒适的现代生活环境。无障碍环境建设反映出社会对于身心障碍者的态度从医疗模式转变为社会模式，即从单向地施以保护和帮助转变为赋权，通过社会环境的改变赋予其参与的机会。

1985 年，新加坡建屋发展局开始针对老年人进行无障碍环境建设，从规划理念上重视老年人居住和出行的安全便利需求，在设计上充分体现通用性与实用性。建设范围涉及住宅、步行区和公寓，包括连接所有建筑物与公共交通设施、公交站点、停车场之间的通道。1990 年，政府要求所有新建楼房的电梯必须每一层都要停靠，2001 年，对普通居民楼房进行“电梯化”改造，实现“层层有电梯”，在设计中要求电梯设置低位按钮，在电梯内部周围加设扶手，规定电梯门的宽度可以进出轮椅等。2006 年，新加坡陆路交通管理局宣布，新加坡所有医院、综合诊疗所和养老院将全部完成无障碍改造。2012 年，建屋发展局启动了乐龄易计划，使住宅更安全，更适合老年人居住。政府以补贴价格提供房屋改造服务，例如，为浴室地砖做防滑处理、在浴室安装“扶手”和轮椅坡道。根据不同的住宅类型，老年人家庭在进行这种改造时，可以享受最高 95% 的补贴。

无障碍建设不仅包括物质层面，还包括心理层面。新加坡特别重视对无障碍建设的宣传，消除对老年人和身心障碍者的歧视，营造整个社会的包容与尊老风气。老年人与环境相互作用，良好契合，即使个体内在能力发生了某种程度的衰退，在环境支持下他们依然能做他们认为重要的事情，实现功能发挥。

（2）提供无缝链接的照护服务

全龄友好健康社会的构建，除了无障碍环境建设，还需要老年人可负担的优质照护服务，新加坡政府通过医疗相关部门的广泛联动协同机制，不断发展和完善以家庭和社区为基础的、无缝链接的医疗服务，使老年人在家中或社区里享受到高质量、可持续的综合照护服务。具体有以下几个举措。

一是构建医联体，即医疗集群系统。新加坡所有的公共医疗机构都归属于一个政府控股公司，名为卫生部控股有限公司（MOH Holdings）。[①] 这些机构被分成六个区域性集群，分别挂靠一个地区综合医院，提供急性病诊疗，同时与专科中心、三级医院、中长期护理机构、综合诊所、非公立的全科医生诊所紧密联系，以应对不断增长的老年人口带来的慢性病医疗需求。每个医疗集群中都有长期护理机构，初级医疗机构与社区家庭护理机构、康复中心相互合作支持，将急性病综合医院与社区康复医院链接起来，将稳定的慢性病患者从急性病住院治疗转移到康复护理机构，实现患者在不同医疗机构之间的无缝链接，使他们在更适合的环境中得到连续治疗。

二是公私联合。一方面，新加坡共有约2000名私人全科医生，数量远多于综合诊所，并且离患者更近，新加坡政府将私人全科医生纳入医疗集群之中，以提供更便捷的服务。另一方面，新加坡政府医疗预算为主要公立医院的大量设备升级，开发新的中长期护理设施。此后，政府开始整合公共资本和私营资本开展“新加坡老年综合护理计划”，建立康复中心和日间照护中心，老人出院后，若经评估符合该计划的条件，就可以享受相应服务，无须长期居住在养老院或者医院。

三是成立协调组织。为了提高护理质量，促进初级医疗和中长期照护之间的一体化建设，新加坡卫生部于2009年成立了护联中心（Agency for Integrated Care，即AIC），目标是使不同层级的服务机构各尽所能并相互协调，具体内容有加强社区医疗、加强长期护理人员专业化培训，以提升长期护理服务。长期护理服务大多由私立医院和志愿福利团体提供，老年人可以选择居家或者社区医疗机构，留在熟悉和舒适的环境中。为了鼓励社区主动参与

---

① 卫生部控股有限公司是一个高层次的联盟组织，为新加坡提出医疗战略方向，促进各个医疗集群间的协调合作，确保卫生部在整个系统中的目标和重点得以顺利实施。

照顾老年人和慢性病患者以及临终关怀等行动，政府为提供此类服务的机构和志愿福利机构提供补贴。

（3）建设多功能养老社区

新加坡崇尚村邻友好的“甘榜”（Kampung）精神，即一个共存的具有高度凝聚力的社区关系。新加坡多年来致力于全龄友好型城市建设，将传统的“甘榜”精神融入高度密集的城市环境，形成充满活力的、适合人口深度老龄化的社区形态，让老年人更健康、更积极地生活。

2017年，新加坡建屋发展局、卫生部等七个政府机构联合开发建成了一个集住房与医疗机构、日间照料中心、幼儿园、零售业等设施于一体的、多功能综合养老社区——“海军部社区”，它将整个海军部社区与历史悠久的“甘榜”守望相助的村庄精神紧密相连，营造出可令老年人安全独立生活的空间。[①] 海军部社区是一个面积为8903平方米的紧凑地块，在极为有限的空间中探索创新社区内部的有效动态关系，打造成适合全龄段的宜居社区，其核心要素是提供便捷的医疗服务设施，同时建立起一个可随时与家人朋友保持联系的舒适空间。海军部社区的三个分层，打破了组屋和市镇中心分割的传统：地面层是公民活动广场和零售中心；中间层是医疗中心，包含一个半开放社区公园的老年护理中心；顶层是托儿中心、老年活动中心和老年公寓。这三层尽可能紧密地靠近医疗保健、商业和其他便利设施。父母和已成家的子女毗邻而居，既彼此独立，又能相互照应。

老年人与社会长期隔离会影响身心健康，针对这个问题，海军部社区通过景观空间的多样化创意，将其设计成充满活力和人情味的养老社区。在地面层的社区花园里种植大量曾在甘榜地区种植的果树，营造出怀旧氛围，吸引老年人聚集此处互动，产生社会联系。屋顶种植大量乔木灌木，所形成的具有垂直多样性和连续水平性的枝蔓能够消散城市热岛效应。中间层的医疗中心有一个雨水花园，用收集和清洁后的雨水浇灌绿植，不仅节约了水资源，还具有愉悦身心的疗愈价值。这种多功能养老社区的巧妙设计，实现了由密集型建筑环境向宜居性生物友好型健康环境的转变，通过邻里互助和跨代互

---

① 老年人的房间内都配备电磁炉、防滑地砖、扶手、伸缩晾衣架、紧急呼救系统等设施，以保障居住的安全舒适。新加坡55岁以上的人士，只要名下没有组屋或其他私人产权住房，都可以申请入住，居住年限为30年，到期可申请续住。

动完善全龄友好型健康环境。

5.4.4 倡导健康积极的生活方式

在影响健康的四大类因素——遗传、环境、生活方式和医疗服务中，生活方式的影响比重达到50%左右。健康的行为和生活方式是健康老龄化的基石，新加坡通过多种措施倡导和践行健康积极的生活模式：积极开展疾病预防，完善初级卫生保健体系，提供健康检查和优化治疗，倡导锻炼、健康饮食、压力管理等健康生活方式。除了弥补老龄化出现的损失，还积极强化个体适应能力和社会心理。

（1）重视疾病预防

1983年，新加坡出台的《国民健康计划》设定了国家目标，即通过积极的疾病预防，倡导健康的生活方式，以提高医疗系统的成本效益，使新加坡人过上健康、舒适和富足的生活。这一计划还预见了人口老龄化带来的持续增长的健康需求，据此提出重建医疗服务体系以适应疾病的变化趋势，从治疗感染性疾病为主转变为控制慢性疾病、提供防范性和前瞻性的医疗服务，协助老年人保持健康，延缓老化过程。

新加坡政府通过预防性检查、普及健康的生活方式，使老年人持续保持健康状态。新加坡卫生部与保健促进局在社区推出乐龄健康教育工作坊，让老年人学习营养、运动、精神健康、慢性病管理等方面的健康知识。健康促进委员会提出针对60岁以上老人的“身体普查计划”，包括自制力、口腔卫生、听觉、视觉和生理功能等方面的检查，帮助老年人及早发现身体功能衰退的迹象。被发现有某些方面症状的老年人，后续会接受医务人员的检查和治疗。

新加坡卫生部积极完善社区护理以替代疗养院护理。2017年以来，新加坡保健服务集团在东南部和东部设立多个社区护理站（Community Nurse Post），每个社区护理站有两名专业护士，提供健康检查、老年评估、慢性病管理和预防疾病宣导等医疗服务，老年人无须前往医院综合诊所，在熟悉的社区就能获得个性化健康护理。

（2）完善初级保健体系

健全的初级卫生保健是任何医疗系统提供高价值医疗服务的关键，这个系统中初级保健服务提供者越多，结果往往越好，表现为住院率更低、患者体验更好、总体费用也更低。[1] 强大的初级保健由三大支柱组成：首诊负责、系统诊疗以及医疗服务的协调性。

第一，首诊负责需要在患者第一次接触医疗专业人员时，为其提供有效的初级医疗（Primary Care），及时干预疾病的进展，避免发生昂贵的急诊和住院费用。新加坡的初级医疗大部分由私立机构提供——共有大约2000名私人全科医生提供约80%的初级医疗服务；有18家公立综合诊所，提供20%的初级医疗服务。若出现咳嗽、感冒、腹泻腹痛、肌肉、骨头和关节疼痛等常见的健康问题，首先要看全科医生。负担不起私人全科医生费用的低收入人群，可以去公立综合诊所，平均门诊费用约为10新元，可享有50%的费用补贴。

第二，系统诊疗要求初级保健能够解决影响患者和家庭的一系列问题，减少患者转诊至专科医生的需求。2000年，新加坡实行初级医疗合作计划，后更名为“社区健康援助计划”（Community Health Assist Scheme）。该计划针对低收入和生活无法自理的老年人，旨在紧密连接公立医疗系统和私人全科医生网络，提供基础医疗，治疗某些慢性病以及一些牙科护理。这一计划有力地促进了老年人的保健水平，也缓解了医院因不必要住院治疗造成的紧张局面。新加坡公民如因特殊医疗问题需要从综合诊所转诊到专科门诊诊所就诊，可享有50%的补贴，永久居民享有25%的补贴。

第三，医疗服务的协调性是指初级卫生保健的医疗服务每一个环节都要对患者的健康需求负责。如果慢性病患者在社区诊所没有控制好病情而进到医院，成本会有10倍以上的增加，因此需要各个环节的有效衔接。此类衔接普遍在尝试之中，如何形成有效的模式和成本结构，在全球都是一个难题。新加坡保健促进局与社区诊所或医院密切合作，对易患慢性病的老年人群体进行大量筛查，筛查后确保有医院和医生跟进，政府为筛查提供部分资金补贴，保证相关医疗服务的连续与协调。

（3）实施健康促进方案

健康问题需要从全生命周期的视角来看待，因为生命周期各阶段密切相

---

① KRINGOS D S, BOERMA W, ZEE J, et al. Europe's strong primary care systems are linked to better population health but also to higher health spending [J]. Health Affairs, 2013, 32 (4): 686 - 694.

连：不同阶段是生长发育积累的过程，也是疾病发生相关危险因素积累的过程。一个人在生命早期和中期的健康状况直接影响着晚年生活质量，实现老年人健康，要求对全人口的全生命周期进行积极干预。新加坡保健促进局制订一系列改善健康状况的政策方案，并与相关部门联合，积极开展控烟、推广健康饮食和肢体活动等项目，打造健康生态圈，将健康方式融入日常生活，让人们形成自主自律的健康行为。

一是控烟。吸烟严重危害公众健康，控烟有利于净化环境，保护身心健康。新加坡实行严格的控烟政策，自 1970 年开始禁烟，政府每隔几年就修改《禁烟条例》，强化禁烟措施：①持续提高烟草税；②禁止一切媒体为香烟做广告；③提高买烟吸烟的法定最低年龄；④室内、餐厅等场所全面禁烟；⑤全面禁止电子烟产品以及电子烟液等相关配套装置。

二是推广健康饮食，也鼓励私营企业增加健康食品的种类，方便消费者选择。新加坡保健促进局于 2014 年推出“较健康饮食计划”（Healthier Dining Programme），鼓励公众改变高热高糖的有损健康的饮食习惯；2017 年实施“较健康食材开发计划”（Healthier Ingredient Development Scheme），保健促进局在 3 年内拨款 2000 万新元资助食品制造商使用健康油品和全麦食材。

三是推广肢体活动。医学界一致认为，每日坚持做适量运动对人体健康最有好处。新加坡前总理吴作栋在 1996 年倡导过“生命在于运动计划”，鼓励所有国人至少参与一项体育活动，以保持身体健康。由于新加坡气候类型为典型的热带气候，人们对于运动的积极性并不高，保健促进局重振“生命在于运动计划”，推出多项活动，比如 2009 年的“轻快步行计划”，倡导日行万步，改善血压、血脂，促进血管功能。鼓励年长者实现“活跃乐龄”，卫生部推出“全国乐龄健康计划”（National Senior's Health Programme），由保健促进局的运动专家联合职总保健合作社和新加坡体育理事会的物理治疗师，研发椅上健身操，训练强化核心力量、平衡感与敏捷度。

新加坡政府主导、相关部门协同合作、社会多元力量参与的“幸福老龄化行动计划”，鼓励全民为老龄化做足准备：为老年人提供继续学习和工作的机会，确保其经济安全；健全完善医疗服务体系，保障其健康安全；打造一个守望相助的强凝聚社会，营造老年人积极融入社会的友好环境。这不仅令现时老年人乐享生命的最后阶段，也令所有新加坡人更自信地以优雅活跃的状态步入老年。

5.5 医养结合国际经验与启示

人口老龄化程度不断加深以及老年失能失智人口比例快速提高，给医疗和养老服务供给带来巨大压力，成为健康老龄化战略的重大挑战。医养服务的分割难以适应现实需求，医养结合成为实现健康老龄化和积极老龄化的必要举措。英、美、日、新等国的健康老龄化以老年人医养服务需求为核心，整合家庭、社区与政府资源，以社区和家庭为主阵地，提供相互衔接的高品质医疗卫生服务和照护服务，促进老年人功能发挥，维护了他们的权利与尊严。

比较英、美、日、新四国的“医养结合”服务模式，发现四者有着相同的背景，虽然驱动因素、理念与内容各异，但是最终都是为了促进健康老龄化和积极老龄化。发达国家更早进入老龄社会，较早地开展了老年健康领域公共服务供给侧结构性改革，并在实践中不断创新和完善，形成了很多有价值的经验和启示。见表 5－3。

表 5－3　英、美、日、新四国“医养结合”服务模式对比

国家	英国	美国	日本	新加坡
模式	社区照顾	PACE	居家护理	强制储蓄＋社会化服务
时间	20 世纪 70 年代	20 世纪 70 年代	20 世纪 70 年代	20 世纪 60 年代
背景	人口老龄化	人口老龄化	人口老龄化	人口老龄化
驱动因素	经济衰退引发福利紧缩，政府购买老年公共服务	原地自主养老，追求生活品质	老年免费医疗导致医疗制度难以为继	医疗供需关系紧张，强调自我积累
理念	福利多元主义	新自由主义与个人主义	养老社会化＋家庭化	自我积累保障

续表

国家	英国	美国	日本	新加坡
原则	立法先行 + 预防为主	专业团队 + 健康管理	用进废退 + 老年人自立	个人责任 + 政府支持
内容	生活照料 + 物质支持 + 心理支持 + 整体关怀	医疗 + 康复 + 社会支持 + 健康大数据	居家用品 + 环境适老化改造 + 康复服务	综合医疗保障 + 培训与就业支持 + 全龄友好型环境营造 + 健康生活倡导
效果	节省医疗开支，老年人社会参与	提高生命质量，老年人独立	从源头减少护理需求，老年人尊严与自我实现	守望相助的老年友好环境，自信优雅乐享老年生活
目的	促进健康老龄化和积极老龄化			

5.5.1 以维护和强化功能发挥为目标

从健康发展规律和老年人功能轨迹的角度考虑健康问题，采取措施支持老年人能够适应并改变他们面临的挑战，是世界卫生组织近年来积极宣扬的理念。1990 年，世界卫生组织在哥本哈根世界老龄大会上提出了健康老龄化发展战略，包括三个方面内容，一是让老年人自身维持良好的生理、心理和社会适应功能，拥有较高的生活质量；二是让老年群体中健康长寿的比例不断增加；三是进入老龄化社会后，有能力克服老龄化带来的不利影响，保持社会持续、健康和稳定发展。1991 年第 46 届联合国大会通过了《联合国老年人原则》（第 46/91 号决议），指出“老年人应享有保健服务，以帮助他们保持或恢复身体、智力和情绪的最佳水平并预防或延缓疾病的发生”。

老年人的内在能力随着年龄的增加逐渐衰退，这个过程是动态而复杂的，对功能衰退的过程进行干预是实现健康老龄化的重要举措。在功能完好或者衰退早期进行干预，可以延缓甚至部分地逆转老化过程，防止照护依赖的发生。① 要实现有效的干预，需要对处于不同健康阶段的老年人的内在能力及其

---

① CLEGG A，YOUNG J，ILIFFE S，et al. Frailty in elderly people ［J］. The Lancet，2013，381（9868）：752－762. DANIELS R，VAN ROSSUM E，DE WITTE L，et al. Interventions to prevent disability in frail community-dwelling elderly：a systematic review ［J］. BMC Health Services Research，2008，8（1）：278.

变化轨迹、可能影响其内在能力的风险因素和环境进行综合评估，据此提出有关医疗卫生和环境的对策。见表5－4。

表5－4　不同阶段的健康风险、目标与应对措施

健康状态	自理（能力强且稳定）	半自理（能力衰退）	严重失能（能力严重衰退）
风险	慢性病等非传染性疾病	认知、感觉受损，跌倒	基本活动困难、疼痛
目标	维持良好状态	逆转、阻止或延缓衰退	代偿失能，安宁疗护
医疗应对	控制健康危险因素，早筛查、早诊断、早治疗	及时、有效的治疗	快速获得急诊医疗，长期照护服务，临终关怀
环境应对	健康自我管理，全龄友好型环境建设	社区家庭康复治疗	社区康复治疗，临终关怀

国际经验表明，将衰老的不同时期视为身体机能和功能连续发展轨迹的组成部分，能更好地理解和促进健康老龄化。对于内在能力强而稳定的自理老年人，医疗卫生服务策略的重点是维持这种良好的状态，提倡尽早发现并控制疾病和健康危险因素。环境战略对于促进健康行为非常重要，包括提高个人的健康知识和健康自我监测能力，消除身体机能运行的障碍而促进功能发挥。对于能力衰退的半自理老年人，医疗卫生的重点从预防转变为及时治疗疾病，使疾病对个体总体功能的影响最小化，通过适当的治疗或者康复服务阻止、延缓或扭转机能衰退，防止形成照护依赖。因为能力衰退使环境促进功能发挥的作用更加明显，帮助老年人克服能力衰退的战略也更为必要，环境的健康促进作用仍然重要。对于已经严重失能或者面临严重失能风险的老年人，在无他人协助下无法完成日常生活基本任务，处于照护依赖状态，医疗卫生系统干预的重点是提供长期照护服务以及日常疾病管理、康复治疗和临终关怀，在他们需要时提供急救服务和专业急症护理服务，确保严重失能者能够维持一定水平的功能发挥，使其获得基本的权利和人格尊严。医疗卫生和长期照护服务的整合对于维持失能老年人的功能发挥与人格尊严非常重要，卫生保健服务可以减少不必要的住院，保证与长期照护服务建立关联，支持老年人在家养老。在老年人从一个健康状态过渡到另一个状态时，医疗卫生服务能够相互衔接，既能满足老年人的医疗需求，又能解决老年人回归

社区和家庭过渡期的照护需求，有利于实现就地养老。

5.5.2 以整合型医疗照护服务为基础

国际经验表明，专科医生主导的医疗服务体系，医疗费用高，而质量却并不一定高；以家庭医生为主导的医疗服务体系，由家庭医生引导患者和医保资金流向的医疗服务体系，总体医疗费用低，医疗质量高。很多国家都积极建立符合本国国情的、以初级医疗卫生保健单位，即家庭医生为中心的整合型医疗健康服务模式，这类模式关注基于人口情况的疾病预防和护理协调。第一，初级医疗卫生保健机构配有执业医生，或者以补贴形式鼓励这些机构配备执业医生，使其在医疗卫生保健系统中扮演健康“守门员”的角色。第二，由不同专业的多名医生组成的多功能医疗团队根据预算来为患者提供他们所需的服务。第三，过渡期的护理模式将护理工作由医院转移到社区和家庭，同时将护理工作执行者由医生转变为包括护士、治疗专家和社会工作者等人员的职能更强大的医疗团队。很多国家将长期照护服务的重心从居住照护转向以社区为基础的照护。加入经济合作与发展组织（OECD）的国家中有50% ~75% 的老年人在家中通过家庭病床接受长期照护服务。

这种以人为中心的整合型服务模式，将相互分隔的老年照护服务与医疗卫生服务进行了结构性整合，医养双方协同发挥各自的资源优势、信息优势与技术优势，实现医养功能的深度融合，为老年人提供可及的、可持续的、高效和高质量的医疗、护理、生活照料等全方位服务，使医养服务规划与供给系统发挥协同效应，有效推动健康老龄化。

5.5.3 以建设老年友好型环境为保障

老年人的功能发挥由个体的内在能力、所处环境的特点以及两者之间的相互作用共同决定。除了医疗健康服务干预，环境也可以扩展个体的行为能力，适合的环境支持对于老年人的功能发挥至关重要。环境建设充分考虑人口老龄化因素，体现出前瞻性、科学性与整体性。健康老龄化环境建设主要有社会态度、生活环境和人际关系三个方面。

第一，营造尊老敬老的社会环境。摒弃对待老年人的消极态度和陈旧观念，通过立法消除老年歧视和老年虐待。老年人是社会中的重要成员，他们的生活经验和社会经验都应该被重视，将这些输入社会中，发挥老年人的社会价值。卡明和亨利提出的“疏离理论”将老龄化视为一个消极过程，认为随着生命活力的下降以及社会角色的丧失，老年人应该逐渐与社会疏离。疏离理论将老年等同于脆弱、健忘和能力低下，将老年人视为被照顾的对象，需要消耗大量的养老金、医疗保健和社会服务，是社会的沉重负担。疏离理论本质是一种老年歧视，正如老年医学家罗伯特·巴特勒所说，社会对老年人的负面消极态度源自人类对晚年无法逃脱的脆弱而产生的深刻恐惧，这些情感转变为忽视与轻蔑，就形成了老年歧视，甚至引发老年虐待。罗伯特·哈维格斯教授提出的活跃理论对疏离理论进行了反击，认为社会不应该以悲观视角对待老年人，社会环境应该更积极地为老年人继续承担社会角色提供机会。新加坡称呼老年人为“乐龄”人士，通过一系列措施消除社会对老年人的偏见和歧视，营造整个社会的包容与尊老风气，实现活跃老化。

第二，构建老年友好型宜居环境。提高生活的安全性和舒适度，实现进入、接近和利用境遇或与之联系的选择自由。适老化居住区应用智能建筑技术并综合现代信息技术手段的传感技术、控制技术、远程信息技术和多媒体技术等，延伸感觉器官的功能，弥补身体功能的不足。在住所中，通过住宅改造去除室内门槛、台阶等障碍，可以减少跌倒等风险；增加淋浴或马桶旁的扶手和坡道等适老辅助设施，在卫生间铺设防滑地垫等措施提高安全性；通过安装隔热层和防风处理等手段，提高住所舒适度。外部环境方面，通过社区环境改善，比如居所加装电梯、安装满足轮椅通行需求的设施，提高老年人的活动能力和行为能力；增加老年人医疗急救等情况的硬件设备；提高交通的物理可用性和经济可及性。通过现代科技弥补生理衰老导致的功能损失，维持基本自理能力，有助于老年人长期保持独立，并辅助老年人更积极地参与社会活动，扩展老年人的可行能力可以有效增强他们对生活的自主性，获得最大限度的满足和幸福。

老年友好型环境建设强调在科技快速发展的现代社会，一切有关人类生活的公共空间环境、建筑和设备的规划都应该充分考虑和满足不同程度能力衰退者的需求，营造一个充满尊重、保障安全和舒适的生活环境。宜居环境建设反映出社会对于老年人的态度从医疗模式转变为社会模式，即从单向地施以保护和帮助转变为赋权，通过社会环境的改变促进社会互动，赋予老年人独立生活和参与社会的机会。著名的新加坡“海军部社区”是全龄段宜居社区，是集住房、医疗机构、日间照料中心、幼儿园、零售业等设施于一体的多功能综合养老社区，将整个社区与守望相助的村庄精神紧密相连。老年人可随时与家人和朋友保持联系，又能够安全独立地生活。

第三，打造良好的社交网络环境。健康老龄化通过让老年人尽可能长期地保持健康积极的自理状态和社会参与热情与价值感，直到生命的终点，这不仅是一个医疗保健目标，也是一项社会发展战略。老年人对社会支持的需求随着能力衰退而增加，老年社会工作者可以通过小组干预、现场干预以及技术辅助干预等措施缓解老年人的孤独感和社会隔离感。有研究显示，与年龄相关的身体和认知能力衰退可以通过与工作相关的体力或脑力活动而延缓，创造机会促进老年人从事不同类型的工作会增强老年人的归属感和价值感。① 政府、市场、社会各界需要协同努力，提供老年人终身学习和成长的机会，防止老年人功能衰退，增强其复原力。一种方法是实行弹性退休制度，但是这一方法只适用于一小部分人，因为大多数老年人在目前的退休年龄前就存在某种形式的失能了，贫困地区的此类风险更高。老年人能否继续工作取决于他们的健康状况、经济需求、工作性质以及个人兴趣等多种因素。另一种方法是创造适合老年人的兼职工作，日本和瑞典等国家开展针对老年人的职业咨询和培训项目，帮助老年工作者提升技能，以保持长期工作的状态。不论哪种方法，保证功能发挥都是老年人能够长期工作以及维持良好社交的前提，两者是相互促进的。

① CRAWFORD J O, GRAVELING R A, COWIE H A, et al. The health safety and health promotion needs of older workers [J]. Occupational Medicine (Oford, England), 2010, 60 (3): 184-192.

6 医养结合促进健康老龄化的策略与路径

6.1 医养结合促进健康老龄化的顶层设计

6.1.1 明确医养结合促进健康老龄化的核心目标

健康老龄化是发展和维护老年健康生活所需的功能发挥的过程。功能发挥是个体能够按照自身需求生活和行动的健康相关因素，由个人的内在能力与相关环境特征以及两者之间的相互作用构成。内在能力是指个体在任何时候都能动用的体力和脑力的组合；环境是构成个体生活背景的从宏观到微观的所有外界因素，包括医疗卫生政策、社会态度、居住环境等。要充分认识和把握老年人内在能力与功能发挥的一般变化规律和决定因素，才能使干预措施有效。社会上各阶层的老年人的内在能力和功能发挥各不相同，他们面临的风险因素、疾病种类和医疗卫生服务可及性方面也存在很大差异。医养结合作为实现健康老龄化的重要方案，将提升所有老年人的行动能力和社会功能健康作为政策落脚点。通过医疗卫生服务、生活方式调整、生活环境改造和功能替代等措施，创建支持老年人独立的环境，使处于不同健康水平的老年人的内在能力发展轨迹达到最佳状态，维持并强化他们的功能发挥，提高他们按照自身需求生活和行动的能力。

首先，优化老年人内在能力的发展轨迹有两个途径，一是增强和维护其内在能力，二是辅助身体功能受损的个体能够做其认为重要的事情。具体来说，对于能力强而稳定的自理老人，重点是预防慢性病，尽可能长久地维持和强化当下的良好状态，尽早发现并控制疾病和危险因素，通过健康环境战略促进健康行为。对于能力轻度或中度衰退的半失能老人，重点是阻止、延缓或者逆转机能衰退，卫生干预重点从预防或治疗疾病转变为使疾病对个体功能的影响最小化。对于能力严重衰退的失能老人，重点是提供长期照护服务，维持其功能发挥，辅助他们有尊严地完成实现其福祉所需的基本任务。通过对不同状态的老年人提供不同的干预措施，预防、延缓或逆转老年人内在能力的下降，并在内在能力下降不可避免的情况下帮助老年人最大限度地发挥功能，将病残状态压缩到生命的最后阶段，使老年人的健康轨迹实现最优化。老年群体大多患有无法彻底治愈的机能衰退疾病和慢性疾病，通过疾病预防和健康促进，可以预防和缓解许多困扰老年人的慢性疾病。以上需要建立一项包含过渡期照护服务规划在内的综合卫生服务框架，根据老年人的内在能力变化与需求制定医疗卫生和社会服务措施，在老年人从一个时期过渡到另一个时期时能够相互衔接，提供持续支持。见图6－1。

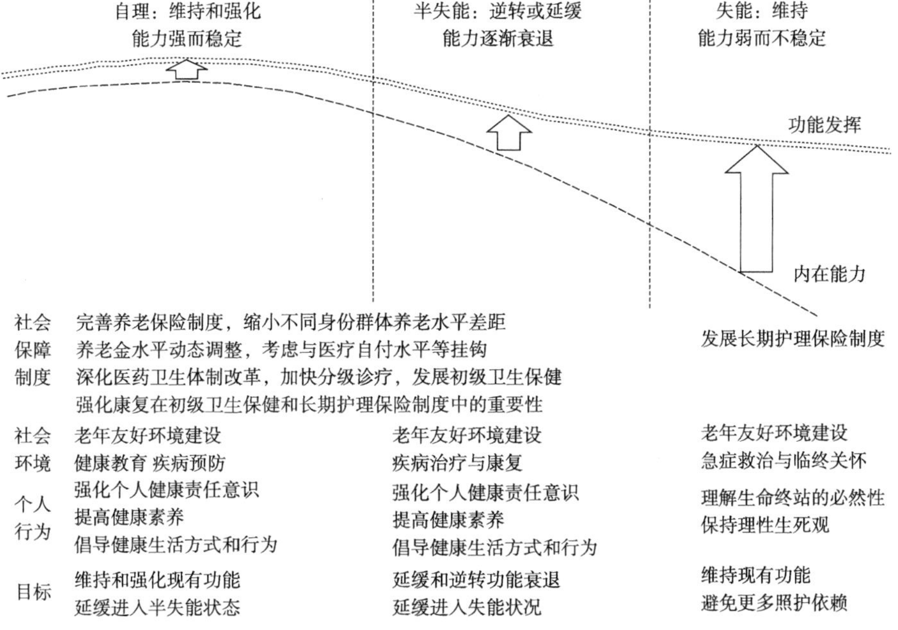

图6－1　医养结合促进健康老龄化的总框架

其次，医养结合均等化是基本公共卫生服务的基本原则，是社会公平的重要表现。我国城乡之间、区域之间的医疗资源配置不均，导致群体之间的健康差异和健康不公平。站在人口老龄化事关国家发展全局的高度，将健康融入老龄政策，通盘谋划，积极应对人口老龄化的国家战略，医疗卫生系统要致力于缩小不同群体之间巨大的可以弥补的差异，实现基本公共卫生服务均等化，确保所有人都能获得所需的基本卫生服务，防止因为经济困难而无法享受必要的卫生保健，或者因病致贫、因病返贫。

最后，2015 年，世界卫生组织发布《以人为本的整合型卫生服务全球战略》（*WHO Global Strategy on People-centred and Integrated Health Services*，即 PCIHS），提出从服务、管理和资金层面转变卫生服务的基本模式，强调个人、社区和卫生工作者共同提供卫生服务，实现以疾病预防为主、以社区为基础、满足以人的需求为核心的安全、优质、可负担的卫生服务。这个长期目标的实现主要有四个举措，一是通过寻求“在适当的时间、适当的地点提供适当的服务”策略，提高资源的利用效率，实现医疗保险的全民覆盖；二是加强和巩固初级卫生保健，协调从医院到社区的服务过渡，卫生保健提供者与地方社区对服务质量和结果共同承担责任；三是注重影响健康的社会、经济和环境等社会决定因素，强调个人获得保健服务的机会，以及保健服务的反应能力和有效性如何影响健康；四是通过有弹性的卫生系统加强卫生安全。①

6.1.2 完善养老保险制度

人口老龄化所带来的老年人问题主要集中在两个方面：一是老年经济问题；二是老年健康问题。这两个方面互为因果，即老年人经济保障不足会导致健康欠佳，健康欠佳又会导致收入下降。因此，老年健康问题的解决需要老年经济予以支撑，健康老龄化的实现需要完善的养老保险制度的有力支持。

经过 30 多年的制度变革，我国已经明确规范发展多层次、多支柱的养老保险制度，形成了独特的“中国经验”，取得了很多成就：一是实现了新旧养老保险制度的全面转型，适应了社会经济改革的需要，促进了社会公正；二是理顺了养老保险制度的管理体制与经办机制；三是实现了制度全覆盖，养老保险成为所有老年人稳定的经济来源，有效降低了老年贫困风险。我国养老保险制度改革积累了丰富的经验，体现了社会主义制度的优越性，但同时

① World Health Organization. WHO global strategy on people-centred and integrated health services: interim report [R]. Geneva: WHO, 2015.

也留下了深刻的教训：一是统账结合模式损害了公共养老保险制度的互助功能；二是属地管理模式损害了养老保险制度的统一性与公平性；三是统筹规划缺失导致不同群体间社会保障待遇差距较大，机关事业单位退休人员、企业退休人员、居民养老金领取者三大群体的待遇依次递减且差距巨大，同一群体在不同地区的待遇差距亦较大，形成失衡的利益格局和路径依赖。整体而言，现行养老保险制度质量不高，全面深化养老保险制度改革具有严峻性和紧迫性。①

针对现行养老保险制度公平性不足的缺陷，坚守公平建制的核心价值理念，以促进公平和缩小待遇差距为根本目标，积极有序地缩小三大基本养老保险的差距，通过理性建制为全体人民提供稳定的养老保险预期，建立正常的养老保险待遇调整机制，考虑不同群体医疗保险自付情况带来的经济压力，防止老年人陷入贫困的风险，避免老年人因为经济贫困而损害身心健康。

6.1.3 调整医养结合政策体系

医养结合是将健康融入老龄政策的中国实践，是推进“健康中国”和“积极应对人口老龄化”国家战略的关键突破口。2012 年修订的《中华人民共和国老年人权益保障法》明确规定：“积极应对人口老龄化是国家的一项长期战略任务。”2017 年 10 月，党的十九大报告指出，“人民健康是民族昌盛和国家富强的重要标志”，“实施健康中国战略，是新时代健康卫生工作的纲领”。2020 年 10 月，党的十九届五中全会审议通过《中共中央关于制定国民经济和社会发展第十四个五年规划和二〇三五年远景目标的建议》，再次明确“实施积极应对人口老龄化国家战略”，需要立足新发展阶段，统筹各个领域和部门的行动，将各管理和服务部门的权责有机结合，从基础性和战略性问题入手，突出重点、抓住关键。健康老龄化是积极应对人口老龄化的基础性和战略性手段。健康老龄化可以增加劳动力，缓解老龄化对财政体系的压力，降低医疗服务需求、减少长期护理服务需求，保障医疗卫生和养老制度的可持续发展。我国能否成功缓解人口老龄化对经济、医疗和长期照护等方面带

---

① 郑功成．中国养老金：制度变革、问题清单与高质量发展［J］．社会保障评论，2020，4（1）：3－18.

来的巨大压力，很大程度上取决于能否实现健康老龄化。[①] 医养结合是健康老龄化的重要举措。自2013年以来，国家出台了诸多医养结合的政策文件，总体来看，现有医养结合政策和实践呈现“三重三轻”：重环境型政策工具轻需求型政策工具、重机构轻居家社区、重城市轻农村。完善医养结合政策，需要立足全人群的全生命周期视角，聚焦健康老龄化中国方案的“人民至上、健康至上”的核心理念和基本特征。

医养结合政策重环境型政策工具轻需求型政策工具的倾向，反映出政府为推动医养结合发展积极创造良好环境，但是对于如何减少医养结合发展障碍的举措明显乏力，不利于医养结合的整体推进。要增强医养结合促进健康老龄化政策的总体效果，需要有效组合不同类型的政策工具，产生联合效应。针对环境型政策工具，应继续调整优化各类工具分布，完善配套政策，增强系统性；针对供给型政策工具，应强化政策推动力以提升医养结合主体的合作意愿；针对需求型政策工具，要继续增强其拉动能力，减少医养结合的阻碍。医养结合的功能发挥需要依托相关制度链的支撑，从制度设计层面来看，医疗保险制度和长期护理保险制度是推动我国医养结合发展的制度基础。现实中，制度设计明显滞后于医养结合发展的现实需要，如关于家庭病床的认定、医保结算与报销的标准和条件、康复与护理是否纳入报销等政策不明已成为制约当前医养结合发展的深层次因素。[②]

医养结合政策重养老机构轻社区居家的倾向，与我国“要构建以居家为基础、社区为依托、机构为补充、医养相结合的养老服务体系”不匹配，反映出医养结合政策工具理性与价值理性的冲突。从行政效率来看，养老机构的医养结合更容易规划、实施和评估，具有较好的行政效率，更能实现政策的工具理性。但是，从社会公平的角度来看，医养结合政策资源在不同老年群体间的配置差距，会扩大群体间的健康不平等。社区居家养老的老年人享有的医养结合资源受限，有损健康老龄化政策价值理性的实现。中央政策在医养结合定义上的模糊直接影响了地方政策执行者对居家社区医养结合的认

---

① 封进，陆毅，宋弘．积极应对人口老龄化与公共财政支出结构调整［J］．人民论坛·学术前沿，2021（5）：78－83.

② 屈贞．城市社区医养结合为何流于形式：一个总体分析框架［J］．中共福建省委党校（福建行政学院）学报，2021（1）：144－152.

知，进而影响地方政府更加倾向于发展相对比较清晰的机构医养结合，形成了实践中的“重机构轻居家社区”格局。“顶层设计存在失误，基本概念、基本理论与技术研究不足是造成当前医养结合形式化的重要原因”。[①] 要实现医养结合促进健康老龄化的价值目标，政策导向不宜继续鼓励医疗机构开展养老服务和养老机构开展医疗服务，应该加快在社区和居家层面上的医养结合。盘活基层医疗卫生服务资源，积极推广家庭医生签约服务，为老年人提供综合、连续、协同、规范的基本医疗和公共卫生服务。充分利用社区卫生服务体系，培育社会护理人员队伍，为社区和居家老人提供专业护理服务，为家庭成员提供照护培训，探索建立从居家、社区到机构的相互接续的养老综合服务供给体系。

医养结合政策重城市轻农村的倾向，与医养结合作为基本公共卫生服务的首要原则——“人人享有基本健康养老服务”相悖。2019 年 60 号文（国卫老龄发〔2019〕60 号）提出农村地区可探索乡镇卫生院与敬老院、村卫生室与农村幸福院统筹规划，毗邻建设；鼓励符合规划用途的农村集体建设用地依法用于医养结合机构建设。在此之前，农村医养结合政策几近空白。党的十九届四中全会审议通过的《中共中央关于坚持和完善中国特色社会主义制度、推进国家治理体系和治理能力现代化若干重大问题的决定》提出：“强化提高人民健康水平的制度保障。坚持关注生命全周期、健康全过程，完善国民健康政策，让广大人民群众享有公平可及、系统连续的健康服务”。以农村和基层为重点，推动健康领域基本公共服务均等化，维护基本医疗卫生服务的公益性，逐步缩小城乡、地区、人群间基本健康服务和健康水平的差异，实现全民健康覆盖，促进社会公平。

全面深入实施健康中国战略，积极应对人口老龄化，加快将健康融入老龄政策的步伐，有效发挥医养结合促进健康老龄化的积极作用。医养结合作为一项基本公共卫生项目，被纳入更复杂的政策网络之中。政府要制定理性、科学的医养结合政策，激活利益相关者为共同的目标分享资源，通过制度杠杆遏制偏离政策价值取向的失衡，通过医养结合服务均等化促进健康老龄化。

---

① 张莹，刘晓梅．结合、融合、整合：我国医养结合的思辨与分析［J］．东北师大学报（哲学社会科学版），2019（2）：132－138.

老年个体层面，要通过政策和服务改善其生命周期的能力表现；老年群体层面，要特别关注老年贫困群体以及功能发挥最差人群的功能改善。老年期潜在的风险是贫困和疾病，这两者常常交叉影响。老年期拥有一定的财富，没有重大经济忧虑非常重要，使人更快乐能够减少抑郁、焦虑等心理健康问题。财富还可以增加与其他能力相关的选择与决策。养老金是老年生活的主要经济来源，充足的养老金不仅有利于身心健康，还能够提高老年人的家庭地位和参与决策的机会，养老保险是化解老年人基本生活风险的保障，也是医养结合促进健康老龄化的制度基础。

6.1.4 开展老龄健康跨学科研究

人口老龄化是社会发展的重要趋势，是人类文明进步的体现，也是我国贯穿 21 世纪的基本国情。随着各国社会经济的快速发展，人口老龄化问题已经成为一个日益严重的世界性问题。1950 年，全世界老龄化国家有 49 个，不足国家总数的 1/4，人口老龄化水平最高为 17.20%。2015 年，全世界老龄化国家有 94 个，其中的 43 个国家人口老龄化水平超过 20%，进入了老龄社会。预计到 2050 年，全世界将有 158 个老龄化国家，约占国家总数的 3/4。① 老年群体面临更多的身体障碍，需要更多的健康支出和社会服务，应对人口老龄化迫切而艰巨，一个可行路径是将控制老年"量增"转向提高老年"质增"，改善老年人健康水平是促进"质增"的重要手段，对人口老龄化起到重要缓冲作用。

健康是生理、社会、经济、文化等多种因素共同作用的结果，涉及自然科学和社会科学领域的多个学科。比如，经济学对老年健康问题的研究，分析了老年群体自身的健康状况及其对老年产品及服务资源的选择情况，显示了资源配置的过程与结果；法学对老年健康问题的研究，分析了老年群体的健康权利和健康责任，明确了法律对老年健康的保护与规制的双重意义；教育学对老年健康问题的研究，说明了教育对老年健康的积极作用，提出了使用教育解决老龄化问题的有效方法；社会学和伦理学对老年健康问题的研究，阐述了社会环境、社会行为等因素对老年健康的影响；生物学和医学等研究

① United Nations. World Population Prospects: The 2015 Revision [R]. New York: UN, 2015.

身体健康状态；心理学等研究心理健康状态。实现健康老龄化需要多学科研究支持，跨学科研究老龄健康已经成为一个国际趋势。2020 年 10 月，国际顶级学术期刊《柳叶刀》（*The Lancet*）创立了开放获取期刊《柳叶刀 - 老龄健康》（*The Lancet Healthy Longevity*），创刊社论指出，人们普遍认为衰老是生命的必然，却忽视了衰老因受到遗传因素和多种可控的环境因素影响而具有的可塑性特征。为了应对老龄化带来的相关问题，这一新的开放获取期刊将发表关于衰老和年龄相关疾病的病因、流行病学和治疗的最佳临床研究。2021 年 1 月，另一国际顶级学术期刊《自然》（*Nature*）也创立了衰老研究子刊《自然 - 老龄化》（*Nature Aging*），旨在发表涵盖老龄化和长寿的生物学机制以及人口老龄化相关的公共卫生和社会问题的相关研究，号召社会各界共同研究解决与人类老龄化相关的问题。

老年健康的跨学科研究，特别强调社会科学和生物医学的交叉研究。生物医学指标概念是 20 世纪 90 年代从生物医学领域被引入社会科学领域的，用来帮助理解社会环境对健康的作用机制。与人口特征改变密切相关的是疾病谱和健康状况的变化，20 世纪初，威胁人类健康的主要疾病是急性和慢性传染病，以及营养不良、寄生虫病等；20 世纪后半叶，人类疾病谱中排在前三位的是心血管疾病、恶性肿瘤和脑血管疾病，致病因素包括心理紧张、吸烟、环境污染等心理和社会因素，“生物—心理—社会”的医学模式应运而生。综合考量社会、文化、经济、心理等多种因素，更全面系统地认识疾病，才能更有效地应对疾病，促进健康。随着人口老龄化程度加剧，缺血性心脏病、关节炎、脑卒中、阿尔茨海默病等与年龄密切相关的慢性非传染性疾病，所累计人口数将持续增加，需要细分慢性病种类及其临床表现对老年人身体功能的影响，使相关政策更具有针对性。疾病谱的变化要求对老年医疗卫生工作要给予足够的重视。一系列实证研究已经证明，许多社会环境因素对健康有重要影响，需要重点分析这些影响是通过何种机制传导给人的机体，从而显著影响健康的。

从传统生物医学模式向“生物—心理—社会”医学模式过渡是医学发展的必然趋势。研究表明，衰老速度在个体之间存在明显差异，大部分人行为和认知功能随着年龄增长而逐渐退化，也有一些人在高龄期仍能保持较好的活力，研究个体衰老速度的遗传基础能够为抗衰老提供重要线索，有效识别老年人口从健康到失能或半失能变动的影响因素，具有更强的政策含义。国内最近的一项研究显示，老年人口的健康状况及其变动的影响因素符合“生物—心理—社会”医学模式。其中，社会维度对老年健康状况及其变动均有显著影响，尤其是从健康到半失能的变动受社会维度的影响最大。老年人的能力多样化并非随机产生，而是源于整个生命过程中的所有事件和经历，而这些常常是可以被改变的，突显了开展贯穿全生命周期的医疗卫生服务的重要性。老年人的健康一定程度上取决于他们以往的健康状况，因此从青年时代开始的终生保健具有十分重要的意义，包括预防保健、营养、锻炼、避免沾染对健康有害的习惯和注意环境因素，这些保健工作应当是持续不断的，需要卫生、工业、教育、交通、金融、环保等部门跨部门合作，促进健康治理。

家庭、社区及政府可以通过改变社会维度的影响因素实现对老年人健康状态的干预，延缓失能的发生，实现健康老龄化。此外，生物维度和心理维度的变量也有重要影响，由健康到失能的变动会受到心理因素的影响。实现健康老龄化不仅要关注老年人的生理健康，也要关注心理健康，两者是相互影响的。①

6.2 推进社区居家医养结合全面发展

6.2.1 社区居家医养结合 SWOT 分析

6.2.1.1 社区居家养老界定

很多地方将居家养老、社区养老和机构养老作为三个相互独立、平行运行的养老服务模式，以三者比例确定养老服务发展规划，如上海市提出“9073”养老服务格局，北京市提出“9064”养老服务格局，武汉市提出“9055”养老服务格局等。浙江省则是另一种理解，将居家养老和机构养老并列，提出“9732”养老服务格局，即该省 97% 的老年人居家养老，不低于

① 米红，刘悦，冯广刚．中国老年人口健康状态变动的辨识及影响因素的评估分析——基于 SSAPUR 2015—2016 年面板数据［J］．人口学刊，2020，42（4）：42－55.

3%的老年人入住养老机构，不低于2%的经济困难或高龄失能老年人享有政府养老服务补贴。[1]

将社区养老视为与居家养老和机构养老并列的第三种养老模式，是一种认知的误区。按照老年人居住方式划分，养老只有居家养老和机构养老两种方式，仅涉及老年人居住方式，不涉及养老保障来源。维系居家养老既可以利用社会养老资源，也可以利用家庭养老资源，也可以利用自我养老资源，更可以综合利用这些养老资源。[2] 所谓“社区养老”，实际是在社区建立一个支持居家养老的社会化服务体系，是对传统家庭养老模式的补充与更新。社区是居家养老的重要支撑，是衔接居家养老和机构养老的纽带。[3]

20世纪80年代，美国旧金山大学管理和行为科学教授海因茨·韦里克（Heinz Weihrich）创建了SWOT矩阵。SWOT矩阵目前被广泛应用于战略规划制定领域。将SWOT矩阵应用于健康老龄化战略下的各类医养结合模式的分析，可以清晰地认识到医养结合的优势（S）、劣势（W）、机遇（O）和挑战（T），综合分析医养结合的内外部条件，为促进健康老龄化战略提供基础。SWOT可以分为SW和OT两部分：SW主要用来分析内部条件，即医养结合制度所具有的优势和劣势，着眼于医养结合的驱动力和阻碍因素分析；OT主要用来分析外部条件，即着眼于政治、经济、文化、环境等对医养结合的影响。见表6－1。

表6－1　　居家医养结合SWOT分析

优势（S）	劣势（W）
S1：居家医养结合试点已有一定经验积累； S2：居家医养结合有助于老年人就地安老； S3：居家医养结合产生更大的经济效益和社会效益	W1：居家医养结合服务内容与标准不明确，未能针对健康情况细分服务内容目标； W2：居家医养结合服务质量与评估不明确； W3：各类服务未能有序衔接

① 浙江省在2014年将养老服务总格局调整为“9643”，即该省96%的老年人居家养老，4%的老年人在养老机构接受服务，不少于3%的老年人享有政府养老服务补贴。

② 姚远．从宏观角度认识我国政府对居家养老方式的选择［J］．人口研究，2008（2）：16－24.

③ 童星．发展社区居家养老服务以应对老龄化［J］．探索与争鸣，2015（8）：69－72.

续表

机遇（O）	挑战（T）
O1：政府重视居家养老基础地位； O2：居家医养结合服务需求巨大； O3："互联网+医疗健康"、远程医疗等技术创新发展迅速，提供技术支持，服务更便利	T1：居家医养结合政策支持少； T2：养老待遇差别大，老年人支付能力不足； T3：服务供给能力不足，缺乏优质基层医疗资源和上门服务，家庭病床、适老环境落后

6.2.1.2 社区居家医养结合的优势与机会

社区居家养老即国际上所指的"就地安老"或者"原居安老"（Aging in Place，即AIP）。医养结合以人性化和弹性化原则深耕社区和家庭，有效弥合了医疗服务和社会照顾的碎片化状态，老年人得以在社区居家环境中提高健康素养、加强自我健康管理，促进医患共同决策以降低住院率。哥伦比亚大学护理学院实施了一个"就地安老"项目，让老年人在其医疗保健需求增强时仍能在熟悉的环境中生活，证明"就地安老"模式是许多体弱的老年人替代养老院护理的可行方案。

首先，居家养老是我国养老服务体系的基础。社区居家养老的优势之一是对家庭和社区的安全感和熟悉感以及友好关系、角色与身份感，能减少社会隔离和孤独，维持老年人的自主、自尊和隐私（Wiles J L，et al.，2012）。社区居家养老的优势之二是照护服务和卫生服务支出更具有经济优势，很多国家的老年照护政策都以就地安老为指导原则，积极发展家庭护理体系，减少不必要的急性或长期住院，尽可能长时间让人们留在家中和社区（WHO，2008）。经济合作与发展组织（OECD）国家中有1/2到3/4的老年人在家中接受长期照护。当然，社区居家养老也存在一些挑战，挑战之一是医疗专业人员短缺，失能老年人的专业护理服务供需矛盾突出；挑战之二是护理服务主要来自家庭成员提供的非正式护理，而非社会性或商业性护理服务。代际支持是影响老年群体非正式护理选择的核心因素，代际支持通过改善老年群体的失能程度改变其对非正式护理的选择，但是非正式护理提供者会面临身体、精神和经济压力（Ranci C，Carrera F，Pavolini E，et al.，2013；李雪岩、王新军，2021）。有研究验证了在家庭环境中为老年人提供远程患者监测（Remote Patient Monitoring，即 RPM）的可行性和有效性（Cook D J，2006），使用能够预测异常行为并相应提醒护理者的技术，对老年人进行监控和护理，支持老年人能够在家中更安全地独立生活。

全国老龄委办公室等 10 部门 2008 年 1 月联合发布的《关于全面推进居家养老服务工作的意见》，指出"居家养老服务是指政府和社会力量依托社区，为居家的老年人提供生活照料、家政服务、康复护理和精神慰藉等方面服务的一种服务形式。它是对传统家庭养老模式的补充与更新，是我国发展社区服务，建立养老服务体系的一项重要内容"。居家养老服务是我国社会养老服务体系建设的基础，这是中国传统文化与现实国情使然，也是一些国家和地区养老服务经验的启示。虽然社会养老服务体系建设以居家养老服务为主，但居家养老服务需要一定的社区养老服务设施作为依托，也需要规范合理的养老服务机构作为支撑，使居家养老服务具有必要的服务依托与机构支持，共同构建居家养老服务的供给体系。① 居家养老具有社会普适性，一方面，居家养老符合大部分老年人的综合养老意愿，因为家不仅是一个容身之地，还具有特殊的心理和社会意义；另一方面，居家养老可以与家庭、社区和机构等多种养老资源相联系，增强了居家养老满足不同老年人群体需要的能力。

其次，政府大力支持居家养老服务。2016 年 5 月 27 日，习近平总书记在中共中央政治局第三十二次集体学习时强调："构建以居家为基础、社区为依托、机构为补充、医养相结合的养老服务体系。"十二届全国人大四次会议通过的《中华人民共和国国民经济和社会发展第十三个五年规划纲要》明确提出建立多层次养老服务体系，巩固和加强居家养老服务的基础地位。2016 年《政府工作报告》中提出"开展养老服务业综合改革试点，推进多种形式的医养结合"，中央财政安排中央专项彩票公益金，通过以奖代补方式，选择一批县（市、区）进行居家和社区养老服务改革试点，促进完善养老服务体系。

---

① 丁建定．居家养老服务：认识误区、理性原则及完善对策［J］．中国人民大学学报，2013，27（2）：20－26.

自2017年民政部、财政部联合印发《关于做好第一批中央财政支持开展居家和社区养老服务改革试点工作的通知》以来，中央财政已经支持了五批、203个地区开展居家和社区养老服务改革试点，完善和促进居家和社区医养结合服务是重点改革内容。

最后，现代信息技术和整合型医疗服务体系对居家养老给予了有力的支持。居家养老更具有社会效益和经济效益，相较于机构养老而言，是一种投入小、效益高的养老方式，居家医养结合是居家养老的重要支撑。我国的医疗改革越来越关注健康和预防领域，人们通过营养咨询、运动、压力管理等手段来避免由不良生活导致的慢性疾病。数字信息技术革命呈现出日益强大的影响，“互联网+”医疗、电子病历以及先进的医学影像打破了医疗的封闭性，提高了透明度和效率。由信息技术带来的循证医学为实现精准医疗构建了有效途径，价值导向的医疗保健体系正在形成。构建体系完整、分工明确、功能互补、密切协作、运行高效的整合型医疗卫生服务体系，优质医疗服务有望进入家庭，支持居家老年人更独立健康的生活，实现最大限度的功能发挥。

6.2.1.3 社区居家医养结合的劣势与挑战

第一，医养结合政策文本分析显示，在医养结合作用主体方面的分布，表现为重机构轻社区居家的状态。机构养老占据我国医养结合服务体系的绝对优势地位，各地开展的医养结合试点实践也集中于机构养老，居家医养结合政策明显不足。这与我国“居家为基础、社区为依托、机构为补充”的养老服务体系不相匹配。发挥社会和市场的力量，强化社区居家养老模式下的医疗卫生服务能力，是提升社会整体养老能力的关键。

第二，社区居家医养结合服务供需矛盾突出。社区居家养老虽然对医养结合服务需求很大，但是供给匮乏，供需严重失衡。医疗卫生支出是对健康能力的投资，保障老年人有尊严的安享健康晚年是民生之重。著名经济学家肯尼斯·阿罗（Kenneth Arrow）1963年发表的论文《不确定性和医疗保健的福利经济学》是卫生经济学的开山之作。在这篇论文中，阿罗认为医疗服务与一般商品的关键区别，即其特殊性源于其普遍存在的不确定性：一是疾病的发生具有不确定性；二是供需双方信息的不对称，购买医疗卫生与健康服务存在较高的不确定性和未知性；三是卫生领域大多由政府参与、干涉程度高。[①] 医养结合服务中的医疗技术具有高度的专业性，疾病治疗又普遍存在不确定性，导致供需双方存在信息不对称，贫困老人健康风险更大，且获取卫生保健服务的难度也更大。

第三，全国性长期护理保险制度尚未建立，家庭照护负担重。不同职业身份的群体享受的养老金待遇和医疗保险待遇差距较大，导致不同群体的医疗护理服务可及性差异大。相关研究表明，我国城镇高龄老年人的长期照料支出显著高于农村高龄老年人。公费医疗保险、新农合和养老保险对高龄老年人长期照料支出有显著影响。城镇高龄老年人享有的医疗和养老保险既影响长期照料支出发生与否，又影响长期照料支出的多寡；农村高龄老年人享有的医疗和养老保险仅对其是否发生长期照料支出有影响，对支出数量的影响不显著。加大医疗和养老保障强度，建立长期护理保险制度，是减轻高龄老年人家庭长期照料经济负担的重要措施。[②]

6.2.2 社区居家医养结合政策支持

6.2.2.1 构建家庭和社区支持政策

政府要以科学发展观为统领，以构建社会主义和谐社会为目标，积极推动社区医养结合服务在城市社区普遍展开，同时积极向农村社区推进。政府要发挥在制定规划、出台政策、引导投入、规范市场、营造环境等方面的引导作用，统筹各方资源，推动形成互利共赢的发展格局。

一是给予社区居家老年人照料者政策支持。由家庭成员和邻里等提供的非正式照护是目前我国老年人失能后的主要照料模式，占比达到84.5%，护理机构提供的正式照护比例只有15.5%。[③] 在中国的传统文化背景下，照料者意愿和长期照料模式的选择并不是单纯的因果关系，最终的决策往往是由照料者和被照料者共同决定，甚至在大多数时候，是由主要照料者决定。在

---

① ARROW K J. Uncertainty and the Welfare Economics of Medical Care [J]. The American Economic Review, 1963, 53 (5): 941 -973.

② 彭荣. 医疗和养老保险与高龄失能老人长期照料支出——基于CLHLS数据的实证分析 [J]. 中国卫生政策研究, 2017, 10 (1): 46 -51.

③ 彭希哲, 宋靓珺, 黄剑焜. 中国失能老人长期照护服务使用的影响因素分析——基于安德森健康行为模型的实证研究 [J]. 人口研究, 2017, 41 (4): 46 -59.

服务使用的影响因素考量中，照料者的因素绝不可忽略。国家以“家庭政策”为出发点，对失能老年人的主要照料者提供必要的现金补贴和税收豁免等政策支持，由社区提供照料者喘息服务、社区日间服务中心等措施，减轻照料者的现实负担和精神压力，从而达到倡导和鼓励家庭照料的目标。

二是完善家庭和社区适老化环境建设。一方面，通过优化住宅设计理念等家庭政策，鼓励支持多代同堂的居住模式，或者利用现代科学技术构建新型的家庭支持体系，帮助现代家庭提升承担养老功能的能力。支持成年子女和老年父母就近居住或共同生活，履行赡养义务，承担照料责任。优化家庭发展环境，营造良好家风。另一方面，深入推进居家适老环境改善。老年住宅的科学设计是营造安全、舒适的养老居住环境的重要基础，适老化环境有助于老年人的功能发挥。相关报告指出，造成老年人非故意伤害就诊的首要原因是跌倒，而44.75%的老年人跌倒发生在家中。[①] 随着老年人口的快速增加，建设安全舒适的养老居住环境成为当务之急。老年住宅设计应秉持“以人为本”的设计理念，深入研究老年人的生理特点和心理需求，充分考虑老年人的生活习惯，为可能出现的紧急情况做好准备。2016年10月，全国老龄办、国家发展改革委等25部门联合印发《关于推进老年宜居环境建设的指导意见》的通知，提出老年宜居环境建设这一新理念，这是为促进我国社会生活环境从“成年型”向“全龄型”转变，保障老年人社区居家养老的必要基础，打造一个智能、便捷和无障碍的年龄友好社会环境可以帮助老年人发挥未丧失的身体功能，推迟老年人入住养老护理机构，提高其生活质量。

6.2.2.2 推进长期护理保险制度

长期照护（Long-Term Care）制度是第二次世界大战后西方发达国家在社会保障制度实施的实践中逐步探索出来的，是服务于因慢性疾病或身心障碍而长期无法自理的病患的医疗及非医疗需求而构建的长期照料和专业护理的保障体系。[②] 长期照护的目的是保证那些不具备自我照护能力的个人能继续满足个人偏好、获得最大限度的独立、自主和尊严。长期照护的服务人群可以

---

① 耳玉亮，段蕾蕾，叶鹏鹏，等.2014年全国伤害监测系统老年人非故意伤害病例特征分析[J]. 中国健康教育，2016，32（4）：312-317.

② PRATT J. Long-Term Care：Managing Across the Continuum［M］. 4th ed. London：Jones & Bartlett Learning，2016.

是各年龄人口，但各国实践均表明，失能失智老年人是这一体系的主要服务对象。

从护理发展史来看，由于身体功能损失产生的护理需求长期被视为家庭内部事务。直到20世纪70年代，一些西方国家因人口结构和家庭结构的变化，开始由社会化制度安排解决老年人护理。而在相当长的一段时期内，老年人护理呈现“医护不分”的状态，即运用医疗资源满足老年人因身体失能而产生的护理需求。德国建立独立的长期护理保险制度之前，社会护理也是分散在社会的不同组织系统中来完成的，家庭、社会救助和医疗保险都在某种程度上分担着社会中的部分护理任务，其中医疗领域扮演了承担护理服务的关键角色。① 医和养之间的关系较为复杂，特别是医疗护理和社会护理之间存在着一定的重叠交叉，构成了医养之间既需要一定程度的分界，又存在着一定程度的整合关系。国际社会出现了医疗和护理之间相互融合、相互协调及相互合并的趋势。

发展长期护理保险，以全社会共担风险的方式培养社会凝聚力，不仅有益于严重失能的老年人，也能够支持女性继续工作而不是留在家中照顾老年亲属。目前我国长期护理保险存在以下一些问题，一是各长期护理保险制度试点筹资结构并不统一，资金来源很大程度都依附于医疗保险，支付范围和服务方式受到牵制；二是长期护理保险缺乏与医疗保健服务的整合，缺乏有效的管理和相关标准。长期照护的核心目标是针对已经失能或者有严重失能风险的老年人，维护其功能发挥水平，确保服务尊重老年人的基本权利、自由与尊严。

世界卫生组织在《关于老龄化与健康的全球报告》中，对长期照护体系提出六条原则：第一，必须是可及而且可负担的，尤其是确保贫困和边缘人群能够获得服务；第二，必须支持依赖照护的老年人的人权，提供照护的方式必须有利于维护老年人的尊严、帮助他们进行自我表达，在可能的情况下促进他们自主决策能力的提升；第三，在任何可能的情况下，要努力加强老年人的内在能力；第四，必须以个体为中心，必须以老年人的需求而不是机

---

① 刘涛，解正林，陈仲钰．德国的医疗与护理关系及其对中国医养结合的启示［J］．中国公共政策评论，2020，17（2）：42－53.

构的需求为导向；第五，应该公正地对待有偿和无偿提供长期照护的劳动力，他们应获得应有的社会地位和社会认可；第六，国家和政府必须承担长期照护系统的全部管理责任。[①] 这六大原则对于我国长期护理保险制度试点中的问题有非常重要的参考价值，对于制度后续的发展完善有重要借鉴意义。

6.2.2.3 加强医疗信息建设

社区居家医养结合的发展受制于地理位置而发展缓慢，如果医学发展到可以超越空间限制，医养结合的可及性势必会得到极大提高。

首先，互联网技术的快速发展，不断打破着医养结合的空间限制，利用信息技术，可以跨越地理限制，在成本、配置和供应上形成规模经济。在医疗健康信息系统方面，健康信息技术在整合型医疗卫生系统中发挥重要的基础性作用，最常见的举措是运用能够在不同机构中使用的标准化电子病历。电子病历记录、组织和分享病人个体和临床群体的信息，利用临床数据共享和交换，实现医疗大数据挖掘功能，优化老年人健康管理及就诊流程，具有重要的社会和经济价值。在预防和管理长期病患方面，电子病历更高效、便捷，帮助了解老年人的续期、随时规划卫生保健，监测治疗反应和评估健康结果。借助大数据和人工智能开发智慧平台能够有效提高医养结合效率，基层医疗机构借助互联网信息技术建立签约家庭医生作为“守门人”，区域综合或专科医院作为后盾，形成立体化整合的线上及线下“一站式”、全周期、医养一体化的基层健康服务模式。[②] 移动医疗可用于预防疾病，对老年人进行远程健康监测，能够预测异常行为并及时提醒，通过发送健康生活方式、疾病风险因素以及治疗和坚持用药的教育和激励信息，让老年人实现自我检测和规范健康行为。

其次，移动医疗干预的创新还可以改善身心健康，降低老年人的医疗保健成本，改善老年人的健康状况。信息通信技术能够有效提高卫生保健的可及性、提高服务的质量和安全性、保证成本的有效性。欧盟对信息通信技术和远程医学的引进使得卫生保健服务的效率提高了20%。信息通信技术还能促进医务人员之间与来自不同背景和地区的病人之间的合作，如远程医疗和

---

① World Health Organization. 关于老龄化与健康的全球报告［R］. Geneva：WHO，2015.

② 高贤良，谢佳丽. 新型基层卫生机构医养结合服务模式探讨［J］. 中国医院，2019，23（4）：9－11.

会诊等服务使得本地病人能够获取本地无法提供的有关诊断和治疗的专家意见。让老年人在不需要家人或朋友帮助的情况下独立生活，提升他们信心和尊严。

近年来，我国医疗卫生信息化建设进程不断加快。2018 年 4 月，国务院办公厅印发《国务院办公厅关于促进“互联网 + 医疗健康”发展的意见》，指出要大力提升医疗机构信息化应用水平，健全基于互联网、大数据技术的分级诊疗信息系统，推动各级各类医院逐步实现电子健康档案、电子病历、检验检查结果的共享，以及在不同层级医疗卫生机构间的授权使用；进一步完善医保支付政策，逐步将符合条件的互联网诊疗服务纳入医保支付范围，建立费用分担机制，方便群众就近就医。2020 年 7 月，国家发展改革委、国家卫健委等 13 部门联合发布《关于支持新业态新模式健康发展 激活消费市场带动扩大就业的意见》，将互联网医疗列为新业态之一，提出将符合条件的“互联网 +”医疗服务纳入医保支付范围。2020 年 7 月，国务院办公厅印发《关于进一步优化营商环境更好服务市场主体的实施意见》，指出在保证医疗安全和质量前提下，进一步放宽互联网诊疗范围，将符合条件的互联网医疗服务纳入医保报销范围。而老年人接受智能技术的速度相对较慢，使用移动医疗应用程序受到一定限制，加快对老年人使用移动医疗应用程序的障碍进行研究非常重要。

6.2.2.4 完善初级卫生保健体系

基层医疗机构在健康管理中作用突出，是居民健康的“守门人”。筑牢基层医疗卫生服务的“网底”，提高基层机构的医疗水平和服务能力，是发展社区居家医养结合的重要基础。1978 年，世界卫生组织在阿拉木图召开了国际初级卫生保健大会（International Conference on Primary Health Care，即 ICPHC），发表了《阿拉木图宣言》。这在全球卫生领域发挥了极为重要的作用，产生了深远的影响，是世界卫生发展史上的里程碑和转折点，全球卫生领域由此开始了一场新的革命，初级卫生保健概念的提出为发展现代高质量的国家医疗卫生体系奠定了基础。初级卫生保健是卫生改革的基石，是实现“以人为中心，综合性、整体化、连续性的保健服务”为核心的卫生系统最适宜的途径，是预防和控制慢病行动的重要策略。健康老龄化的实现需要全社会的努力，通过关口前移，在初级保健层面采用运动、营养等干预措施能延缓衰弱的进展，提高老年人的功能。2020 年，国际衰弱和肌肉减少症研究会议工作组制定了针对初级保健机构中老年人衰弱筛查和管理的指南，提出了 7 种适用于初级保健机构的衰弱筛查工具和 2 种衰弱管理方法，进行早期干预，以识别和治疗衰弱。我国初级卫生保健人员普遍缺乏认识和管理衰弱及内在能力下降的知识，积极探索建立老年人综合照护体系，社区卫生服务机构、二级康复医院和老年病医院开展老年人内在能力、衰弱、失能等综合评估，利用互联网和信息化技术整合防治体系，形成社区与医院的健康医疗管理闭环。对于出现内在能力下降的老年人要采用个体化、规范化的综合诊疗和干预服务，实现以人为中心的老年人全方位、全周期健康管理，实现社会的健康老龄化。

我国自 2009 年开始实行新医改，出台了一系列政策强化基层医疗卫生服务，同期政府对基层医疗卫生机构的投入增加了 10 多倍。研究显示，目前基层卫生保健体系建设仍处于初级阶段，服务质量仍有较大的提升空间。造成这种现状的原因有：一是战略上未能充分重视高质量医学教育和专业培训；二是行动上未能建立起高素质医疗卫生人才队伍，难以提供高质量的基层医疗卫生服务。以大卫生大健康观为基础规划卫生战略，应将社区卫生服务作为资源整合的核心。①

建立以人为中心的初级卫生保健体制和以医疗卫生人才队伍为中心的医疗卫生服务体系，通过双轮驱动加快初级卫生保健建设，保证初级卫生保健在经济和社会发展以及政策行动上的优先权，加强初级卫生保健的核心地位和卫生专业人员的竞争力，在动员资源方面提供战略优先权。

6.2.3 社区居家医养结合的实施策略

6.2.3.1 自理老年人的社区居家医养结合

生活水平的提高和生活便利化程度的提升大大减少了老年人需要依靠自身体力而实现生活自理的限制，随着社会的进步和科技的发展，老年人生活自理能力的生理基础正在发生变化。以结果为导向的传统分类方式，并不能完全捕捉到所有真正需要长期照护的人群，忽视了“由不同功能缺损导致的

---

① 周业勤，钱东福．卫生资源整合：一个概念分析框架［J］．中国卫生事业管理，2013，30(10)：724－725＋740.

失能对日常生活照料需求是不一样的”的现实。针对不同健康状况的老年群体提供不同的医养结合服务，推动普遍性服务和个性化服务协同发展，满足多层次、多样化的健康养老需求。通过医养有机结合，确保人人享有基本健康养老服务：加强社区养老服务设施布局，加快建设分布式、多功能、专业化的社区养老服务设施，制定和完善适老性住宅的建筑标准和规范；推进公共体育普及工程，加强足球场、社区健身中心、体育公园、健身步道等场地设施建设，打造城镇社区15分钟健身圈；将老年医院、康复医院、护理院、安宁疗护机构作为区域卫生规划的重点，加大建设力度。对于自理老年人，医养服务目标是维持和强化目前的良好状态。

首先，从老年个体层面来看，一方面，强调个人是健康第一责任主体的观念，坚持预防为主，推进“全民健康生活方式行动”和“国民营养计划”，强化家庭和老年人健康生活方式指导和干预，提高全民健康素养。格罗斯曼模型将人们的日常健康决策连贯起来，用全生命周期的视角考察个人的健康决策。格罗斯曼模型认为，健康是个人的选择，个人能对健康发挥主观能动性。因此，个人是健康的第一责任人。然而，健康行为不可避免地受到社会因素的影响。个人从预防疾病做起，需要国家建立新的文化导向、鼓励健康的生活方式，从而提高个人健康知识和健康自我监测能力，降低疾病发生的概率。在这个过程中，充分发挥社区居委会的社区老年健康教育作用，积极利用社区渠道，向老年人宣传新型养老理念，使老年人充分接受并乐于使用现代化设备。老年人需要持续学习才能有利于保持自主生活能力：社区老年健康教育可以通过老年生理健康教育帮助老年人正确认识疾病与健康，了解老年病或其他常见病对自主生活的影响以及一般应对方法，学会与疾病相处；通过现代科技知识、科技产品教育帮助老年人了解和使用日常生活中的新科技产品，使老年人尽可能保持和社会环境进行有效互动的能力；通过生命观、价值观教育帮助老年人树立和保持积极乐观、自主自立的生活态度，坦然面对死亡。另一方面，尽早发现并控制疾病和健康危险因素，社区医疗资源进社区和家庭，筛查老年人常见疾病，将老年人生理机能纳入常规信息收集，监控老年人功能情况。强化早诊断、早治疗、早康复，消除身体机能运行的障碍而促进功能发挥。

其次，从老年群体层面来看，目前我国老年人口仍以低龄老年人为主，低龄老年人整体健康状况良好，叠加老年人的知识、经验、技能积累的优势和威望优势，这部分群体是重要的人力资源。如果渐进式延迟退休年龄政策落地，人力资源开发利用配套政策得以完善，可以有效降低我国实际老龄人口抚养比，收获长寿红利。

低龄健康老年人多以居家养老为主，要注意两个关键问题，一是慢性病管理，二是失能预防。

（1）关于慢性病管理

2012 年，我国 60 岁以上人口中有近 80% 死于慢性非传染性疾病。据预测，到 2030 年，我国人口快速老龄化将导致慢性非传染性疾病的疾病负担至少增加 40%。[①] 2005 年，世界卫生组织提出要建立以预防为主的慢性病管理创新模式，形成由患者、卫生保健机构、社区和政府共同参与的慢性病长期管理机制，加强病人和卫生保健人员的交流，充分调动社区资源，使患者及其家庭、初级卫生保健团队以及社区支持者之间形成一种新型的伙伴关系，共同应对慢性病问题。因此，探索一条适合我国国情的慢性病患者管理方法，广泛开展健康促进和群体预防，有效遏制老年人慢性病的患病和死亡是当务之急。慢性病自我管理是指用自我管理的方法来控制慢性病，帮助慢性病患者在得到医生更有效的支持下，主要依靠自己解决慢性病给日常生活带来的各种躯体和情绪方面的问题。该项目的有效性得到了全世界范围的普遍证实。美国、英国、澳大利亚、加拿大等国已经逐渐把慢性病自我管理融入初级卫生保健中。构建医养结合远程协同服务平台，开展远程会诊，赋能基层医养结合机构，为老年人解决实际问题。推进基层慢性病医防融合，以具备医、防、管等能力的复合型医务人员为核心，以高血压、糖尿病等慢性病患者健康服务为突破口，推进基层慢性病医防融合。加强对医务人员知识培训，提升慢性病规范管理质量。信息通信技术（ICT）在全球范围内广泛使用，有效地促进了医疗卫生的可及性，提高了医疗卫生服务的质量、安全性和有效

① WANG S，MARQUEZ P，LANGENBRUNNER J，et al. Toward a healthy and harmonious life in China：stemming the rising tide of non-Communicable diseases（EngLish）［R］. Human development unit，East Asia and Pacific region Washington D. C.：World Bank Group，2011.

性。① 信息通信技术在很多方面已经成为有效管理慢性病和多学科小组执行卫生服务的重要手段。在医养结合服务中使用信息通信技术，是实现以老年人为中心的综合性医养结合的重要手段。远程医疗和远程会诊等卫生服务使本地病人能够获取本地无法提供的有关诊断和治疗的专家意见。影响慢性疾病的相关行为因素包括吸烟、饮食不健康、超重、运动不足。不能提供常规预防保健服务的医疗体系，无法妥善管理慢性病。除非改变饮食结构和生活方式，大部分慢性病很难预防和治疗，治疗需要高度协调和连贯的医疗服务，需要多领域专科医生参与，进行深入细致的患者教育、理疗、改善行为因素、不间断的监控。要实现这些协调，就需要患者信息在医务人员之间的长期共享和即时共享。

（2）关于失能预防

失能高发和失能低龄化是老龄健康的突出问题，对社会和经济的影响巨大，包括直接医疗以及正式和非正式护理成本。要未雨绸缪，通过积极的预防措施降低失能发生率，将失能的发生延迟至生命的终末期，实现最大限度的“病残压缩”。2020 年开始，我国出生高峰期人口（20 世纪 60 年代出生率高峰“婴儿潮”）进入老龄期，通过有效干预把失能人数降到最少，有利于养老和医疗服务资源有效利用。② 目前我国应对老年人失能的措施主要有三项：一是长期护理保险制度，自 2012 年开始，我国相继在山东、吉林、江苏等省的 15 个城市开展长期护理保险制度试点，为失能和半失能老年人的基本生活照料和基本生活相关的医疗护理提供资金和服务保障；二是为失能老年人提供补贴，自 2013 年以来，国务院办公厅、民政部、人社部、国家卫生健康委等部门出台了与失能老年人相关的 16 个文件，对失能老年人给予资金支持以支付护理服务费用；三是高龄重度失能老年人照护商业保险。这些举措对于缓解失能老年人困境，有着重要意义。三项措施从本质来看，都是直接或间接给失能者提供资金或服务，从国际经验来看，单纯给予失能者津贴对于改

---

① BEARD J R, BLOOM D E. Towards a comprehensive public health response to population ageing [J]. The Lancet, 2015, 385 (9968): 658 -661.

② 世界卫生组织（WHO）调查显示，达到同样健康标准所需要的预防投入与治疗费、抢救费比例为1:8.5:100，即在预防上多投入1元，治疗费就可减支8.5元，并省下100元的抢救费。忽视预防导致生命晚期接受创伤性治疗，耗费大量医疗资源。

善老龄健康的效果极为有限，找到失能根源、预防失能的发生和发展才是最经济、最有效的健康策略。预防老年失能是《健康中国行动（2019—2030）》提出的以较低成本取得较高绩效的有效策略。2019 年 8 月，国家卫生健康委办公厅印发《老年失能预防核心信息》，推动失能预防关口前移，降低老年人失能发生率。虽然年龄是导致失能的最重要的已知风险因素，但是失能并不是老龄化不可避免的后果。研究表明，人们可以通过经常锻炼、不吸烟、不酗酒、健康饮食、控制体重、保持健康的血压和血糖水平来降低失能风险。

6.2.3.2 半失能老年人的社区居家医养结合

对于能力已经衰退的半失能老年人，医养服务的目标是通过适当及时的治疗和康复，阻止、延缓或扭转机能衰退，使疾病对个体总体功能的影响最小化。国际长期护理保险制度倡导“居家护理优先”原则，提供及时的预防措施、适当的长期护理服务，辅之以社区预防康复功能，可以很大程度上避免住院治疗，减少慢性病或者失能老年人在医院“压床”的现象。

首先，积极发展老年医学。老年健康最基础的是老年医学研究。在整个医疗体系中，老年医学被长期忽视，严重阻碍了现代老年医学服务的发展。[①]我国老年医学建设开始于 20 世纪 50 年代中期，基本与国际同步，主要形式是在医疗机构中开设老年医学科、老年病科等。老年医学发展需要现代理念、政策与资金的支持，以及建立独立的老年医学学科为老年人提供全方位的健康服务。将老年学和老年病学专业能力纳入医学教学体系中；以执业前培训和继续教育等形式，向全体卫生从业人员提供老年学及老年病学的基础培训。老年人的疾病特点不同于其他年龄段群体，其临床特点与其他专业高度交叉融合，综合性医院设立发展老年医学科或者提供针对老年人的特色医疗服务更为适宜。华东医院成立老年衰弱症诊疗中心，探索建立我国老年人群衰弱症早期预警和规范诊疗体系，支持老年医学体系建设。更多老年人也应该积极转变观念，从治病到预防，主动加入筛查队伍，提高晚年生活质量。2015 年 3 月，原国家卫生计生委正式批复在北京医院设立国家老年医学中心。2016 年 7 月，四川大学华西医院获批成立国家老年疾病临床医学研究中心。

---

① BRIDGEN P，LEWIS J. Elderly people and the boundary between health and social care 1946 - 91：Whose responsibility？［R］. London：The Nuffield Trust，1999.

2018年5月，国家老年医学中心挂牌成立。这些中心探索降低老年人多发疾病的发生率、致残率和致死率的干预措施，在临床研究、协同创新、成果转化、推广应用等方面取得积极进展。2018年6月28日，国家老年医学中心，即北京医院老年医学部、心脏科、急诊科、康复、营养、护理等医护团队，联合北京方庄社区卫生服务中心，共同启动了“医养结合主动健康行动”，这也是国家老年医学中心基于医养结合老年健康全程式管理及新型康复护理技术等开展的部分工作。2017年国务院印发《“十三五”国家老龄事业发展和养老体系建设规划》，提出到2020年，35%以上的二级以上综合医院设老年病科。2019年7月发布的《健康中国行动（2019—2030年）之老年健康促进行动》的政府工作指标包括，以2022年和2030年为时间节点，二级以上综合医院设置老年医学科比例分别不低于50%和90%。2019年11月，《国家卫生健康委办公厅关于印发老年医学科建设与管理指南（试行）的通知》（国卫办医函〔2019〕855号），提出有条件的二级及以上综合性医院要开设老年医学科。

其次，在初级保健中扩大康复服务，大力发展社区和家庭康复服务。当前的人口和健康变化趋势显示，身心功能下降的人数迅速增加，卫生政策制定者应该将康复服务置于更重要的位置。从本质上讲，康复是指由于老年人或健康状况（包括慢性疾病或失调，受伤或外伤）而受到日常身体、心理和社会功能限制的人所需要的一系列干预措施，其范围非常广泛，具有多种潜在健康状况或健康障碍的人可能需要在疾病的某些阶段进行康复治疗。大量实证研究表明，许多康复干预措施具有成本效益。低成本康复干预措施能有效改善低收入和中低收入国家不同健康状况下老年人的身心功能，康复治疗可以改善患有不同慢性病的成年人和儿童的机能状况，例如，控制阿尔茨海默病患者的认知能力下降，改善关节炎患者的运动能力并产生对脑瘫患儿的运动益处。康复治疗也有可能避免昂贵的住院费用和缩短住院时间。通过优化功能，康复治疗还可以支持个人参与先进的技术和数字解决方案。将康复纳入初级保健系统，需要将物理治疗师、职业治疗师、言语语言治疗师等康复专家纳入初级保健工作团队中，对初级保健环境中的全科医生、初级保健护士和社区卫生工作者等工作人员进行培训，以评估康复需求，并提供康复干预措施，解决常见的健康问题，支持全科医生通过远程康复提供保健服务。发展社区居家康复服务要重点做好以下工作。一是以家庭医生制度为切入点，提高家庭医生制度的覆盖率。老年人首诊在社区，病情严重的转诊进入医疗机构接受治疗，若能进入康复阶段，应转移到老年护理院或社区和家庭进行后续康复治疗，这种全过程无缝连续性医疗，对于提高人口的健康素质以及减少医疗费用支出具有极为重要的意义。① 二是充分发挥日间照料中心和家庭病床在社区老年康复护理中的作用。最近的一项对康复服务需求进行全球评估的研究显示，世界上每三个人中至少有一个人在生病或处于受伤的某段时间需要康复。康复应该作为初级卫生保健不可或缺的一部分植入社区，以覆盖更多有需要的人。② 三是创新开发智慧健康产品。发展老年功能代偿产品，实施康复辅助器具应用推广工程，研究居家康复辅助器具配置及使用指南，开展康复辅助器具租赁和再利用服务试点，全面推动老年康复体系快速发展。

再次，大力发展人工智能传感器和机器人等环境智能设备，加快智能服务机器人的研发和其在居家养老服务领域的应用。智能化是健康信息学的新趋势，是发展社区居家养老服务的助推器，通过互联网、物联网、云计算等技术，结合智能设备、互联网服务等载体，可以连接多方资源，构建高效的养老服务互动平台。环境智能技术可以为半失能失智老年人的日常生活提供帮助，提高其在住所内独立生活的能力，延迟其对机构护理的需求，也为其照顾者和医务人员带来便利，能最大限度地发挥社会以及相关人员的经济效益，对提高老年人的生活质量具有明显的潜能。老年人有较高的跌倒风险，配备应急响应设备，比如戴在脖子上的吊坠、腕带和音频或语音报警设备，能保证在紧急情况下，专业护理人员能够较快响应。当然，环境智能技术也存在一些短板，较为突出的是隐私保护和技术安全等问题，③ 急需技术攻关以有效控制智能家居设备收集的信息的访问、使用和传播的权限，以及数据传输和处理的安全手段。另外，对于失智老年人所使用的智能设备的设计和技

---

① 林敬德，张晓文，魏以璧．不同人群慢性病住院费及其因素分析［J］．中国医院统计，2009，16（1）：14－16.

② CIEZA A，CAUSEY K，KAMENOV K，et al. Global estimates of the need for rehabilitation based on the Global Burden of Disease study 2019：a systematic analysis for the Global Burden of Disease Study 2019［J］．The Lancet，2020，396（10267）：2006－2017.

③ KOCHOVSKI P，GEC S，STANKOVSKI V，et al. Trust management in a blockchain based fog computing platform with trustless smart oracles［J］．Future Generation Computer Systems，2019，101（C）：747－759. LOU W，REN K. Security，privacy，and accountability in wireless access networks［J］．IEEE Wireless Communications，2009，16（4）：80－87.

术，要充分考虑使用人群的特殊性，如要尽量减少与失智老年人的互动，外观应令其感觉熟悉，不需要进行太多的学习，并应包含口头提示和提醒。① 用于社区居家养老的辅助技术和智能家居技术有助于增强家庭的安全感，是社区生活持续性的一个重要指标，也是支持健康老龄化的有力工具。

最后，推动远程医疗进家庭。数字鸿沟阻止了很多人获取所需的医疗服务。1991 年杰弗里·摩尔（Geoffrey Moore）在《跨越鸿沟》中提出，颠覆性创新最关键的一点就在于少数远见者的使用与多数早期使用者的接受之间的差距，远程医疗用十年跨越了这条鸿沟。对于慢性病，虚拟的护理和面对面护理可能会分别与不同医务人员相结合，提供以患者的家为中心的护理。慢性病患者通常需要密切监测其健康状况，但将这些患者留在医院或为其提供家庭监测人员是不经济的解决方案。而远程患者监测恰好提供了一种实用且经济高效的解决方案。远程医疗通过应用信息和通信技术为疾病管理、研究和继续教育的每个阶段提供重要的服务。远程医疗将医护服务从医院转到家庭和移动设备上，成本降低、效率提升是推动远程医疗变革的最大动力。有对照实验显示，远程医疗可以使住院人数、不必要检查咨询以及家庭护理成本都有所减少。这种转移可以将虚拟医护服务和传统临床护理相整合，替代常规检查，为个人护理做补充，还可以为慢性病患者提供以家庭为中心的护理，为医院和医生提供随时诊断和追踪。

6.2.3.3 失能老年人的社区居家医养结合

随着技术进步和人口流动，家庭结构和居住模式也发生了巨大变化，多代同堂更多被核心家庭所取代，老年人的经济保障和社会照护来源发生变化。传统社会里，老年人享有的地位完全基于其备受尊敬和爱戴且掌握着权威，这种地位在工业化和城市化快速发展的趋势影响下已逐渐弱化。老年人在家庭中的作用的传统观念正在发生重大变化。就世界范围来说，家庭所担负的为老年人提供传统的照顾和满足老年人需要的责任正在逐渐削弱。这些变化对以家庭为基础的传统养老模式提出了挑战，老年人的生活质量和身心健康也因此受到影响。

---

① TANNER B, TILSE C, JONGE D. Restoring and Sustaining Home: The Impact of Home Modifications on the Meaning of Home for Older People [J]. Journal of Housing for the Elderly, 2008, 22 (3): 195 – 215.

内在能力严重丧失的失能老年人，只有在得到有效的照顾、支持和帮助时，才能享受有尊严的生活。对于已经严重失能或者面临严重失能风险的老年人来说，医养服务干预的重点是完善长期照护保险制度，提供精准而专业的护理服务和日常疾病管理、康复治疗，根据服务需求增设老年临终关怀床位，在其需要时提供急救服务和专业急症护理服务，确保存在严重且持续的内在能力丧失或有相应风险者维持一定水平的功能发挥，获得基本权利、自由和人格尊严。

第一，发展上门巡诊和家庭病床服务。随着社会发展和家庭结构的变迁，传统的家庭养老功能逐渐弱化，但是从经济发展、情感需求和文化传承等视角来看，家庭仍然是中国老年人养老的主要“阵地”，非正式的家庭照料仍是现阶段中国失能老人主要的照料模式，因为接受机构护理服务不仅经济负担重，而且康复效果不佳。老年患者回到家中疗养或者医院与患者家庭联合创造良好的环境都有利于病人康复①，但是仅有非正式的家庭护理提供者是不够的，还需要受过培训且有能力的正式护理人员辅助。将非正式的家庭护理提供者与跨学科团队相连接，组成多学科联合护理团队，构建以社区为基础的护理模式，根据老年人的需求和心理健康状况提供护理服务。失能老年人居家养老面临的突出问题是突发意外。为解决高龄独居老年人发生意外无人知晓的问题，北京市从 2018 年起在全市开展居家养老巡视探访服务，运用互联网等信息技术手段，通过红外传感器持续采集活动数据，如果老年人长时间没有活动，或者在一个位置滞留过久，系统将发出预警，并将信息分别发送至监护人的手机和监控中心，养老驿站的工作人员据此及时采取措施，展开救助。2019 年，国家卫生健康委等 12 部门印发《关于深入推进医养结合发展的若干意见》（国卫老龄发〔2019〕60 号），提出进一步支持社区居家老年健康服务和医养结合发展。支持家庭医生将高龄、失能老年人作为签约服务重点人群，为其提供上门巡诊、家庭病床等服务，确保医疗卫生服务延伸至社区和家庭。对病情处在相对稳定期的慢性不可逆性疾病，转交给社区或家庭保健系统，医院在技术方面提供支持，在医疗卫生资源有限的情况下，发展社区医疗

---

① BOLTZ M, CAPEZUTI E, SHABBAT N, et al. Going home better not worse: Older adults' views on physical function during hospitalization [J]. International Journal of Nursing Practice, 2010, 16 (4): 381 - 388.

和家庭病床建设具有经济合理性。

第二，发展长期护理保险制度。如果由家庭完全承担失能老年人的照护责任，家庭成员会面临较大的精神、社会和经济压力。政府可以通过长期护理保险制度建设承担更多责任，以确保失能老年人能够实现健康老龄化。长期护理保险具有互助共济和风险共担的特征，有助于在全社会范围内分散长期照护的财务支出，有助于保护低收入人群，化解老年人及其家庭蒙受的经济风险。长期护理保险制度可以有效衔接老年人群的医疗和养老问题，高质量、高效率地解决老年人的健康护理和日常护理问题，减轻老年人的医疗成本负担，提高老年人医养服务的可及性和公平性从更深层次推动医养结合的发展，是现代社会保障体系的重要组成部分。在长期护理保险制度全面推广之际，强调失能预防是长期护理保险制度的核心要义，对于制度可持续发展有重要价值。

6.3　促进机构医养结合规范发展

6.3.1　机构医养结合 SWOT 分析

机构医养结合，即养老机构或者医疗机构开展医养结合服务，主要有以下三种形式：一是养老机构内设医疗机构；二是医疗机构内设养老机构；三是养老机构与医疗机构开展合作签约等多种形式的合作。

6.3.1.1　养老机构内设医疗机构

20 世纪 90 年代中后期，养老机构快速发展，入住老年人大多患慢性病，需要长期就医用药。因此，养老机构需陪护老年人就医，增加了机构的人力成本。有些养老机构聘用具有执业医师资格的医生入驻机构为患病老年人开方，但是这种做法潜存“非法行医”的风险。按照《中华人民共和国执业医师法》规定，具有执业资格的医生需要在“医疗、预防、保健机构”中从事相应业务，养老机构不属于医师执业机构。符合条件的养老机构在其内部设立医务室可向有关部门申请医保定点，并在养老机构和医院之间建立就医绿色通道，老年人突发急症时能够尽快进入医院得到救治。近年，老年医疗和照料服务叠加问题更加突出，政府正式提出“医养结合”，养老机构内设医疗机构逐渐成为一种趋势。

对养老机构内设医疗机构的实践进行 SWOT 分析，可以发现其优势和机会在于，在人口老龄化的快速进程中，老年人带病生存期延长，医疗和照护服务叠加需求旺盛，能否提供医疗服务成为大多数老年人选择养老机构的首要标准；政府明确提出支持养老机构设置医疗机构，推进医护型养老机构的建设。这些都是激励养老机构开设医疗机构的有利因素。

当前，养老机构内设医疗机构仍面临很多问题和挑战。一是由于公办养老机构和不同级别的民办养老机构本就存在较大差距，公办养老机构“一床难求”，民办养老机构两极分化：高端机构有能力内设医疗机构，但是只能满足小部分经济条件好的老年人的需求，中低端机构没有能力内设医疗机构，有医疗需求的老年人无法获得服务，难以促进其健康水平的提升。因此，养老机构内设医疗机构有可能会加剧不同类别和不同层次的养老机构的分化，进而导致不同经济条件的老年人的健康水平差距进一步拉大，不利于健康公平的实现。二是建设成本高。养老机构必须达到国家规定的一系列配套行业标准，标准涉及医护等人员配备数量、房屋面积设计与布局、各类医疗设备等。三是套保骗保风险。由于医养服务界限不清，导致操作中通过将养老床位改为医疗床位、将无须住院的老年人转成住院模式等手段，套用医疗保障基金支付生活照护服务费用。针对医养结合的“道德风险”，目前还未有配套措施予以预防。四是在养老机构的医护人员的职业发展不明朗，很难招到具有资质的医生和护士，人才缺口大。

6.3.1.2 医疗机构内设养老机构

医养结合实践最初是在医疗机构展开的。2001 年，北京市政府将当年的北京市胸科医院改建为北京市老年医院，北京市化工医院转型为老年护理医院，数家医院增设了长期接受老年人住院的病区。厦门思明医院和厦门市爱欣老年公寓签订了“以医助养”协议，开展入院免费体检、建立健康档案和开辟绿色抢救通道等服务。学术界也随之开展了相关研究，提出传统的居家养老模式要向社会养老转变，以医疗机构提供养老服务，形成“医养结合，持续照顾”的服务格局，能够更有效地应对人口老龄化的挑战。[①] 2008 年 3

① 郭东，李惠优，李绪贤，等．医养结合服务老年人的可行性探讨［J］．国际医药卫生导报，2005（21）：45－46.

月，南京鼓楼医院集团仪征医院全额投资建设仪征市华康老年康复中心，并负责其管理和运营。中心设在仪征医院内，依托仪征医院良好的医疗资源，为入住老年人提供养老托老、康复治疗、心理疏导、临终关怀等“一站式”医疗保障服务，被卫生部认定为“医养结合、持续照顾”的样本，发挥医院医疗护理技术优势，促进老年人身心健康，医疗机构内设养老机构这一模式得到认可和推广。

对医疗机构内设养老机构的实践进行 SWOT 分析，可以发现其优势和机会在于，医疗机构了解人的老化过程和老年人的医护需求，能够提供适老的医疗设施与医护服务，这不仅能够解决大型医院的“压床”问题，充分利用有限的资源，还能够为老年人提供全方位的持续性医护服务；国家发布的多个政策文件，明确提出支持综合性医院开设老年病科，增加老年病床数量，推进医护型养老机构的建设。这些都是激励医疗机构开设养老机构的有利因素。

医疗机构内设养老机构也面临很多问题和挑战。一是动力与能力问题。一方面，由于三级医院和基层医院本就存在较大差距，三级医院人满为患，甚至出现患者“压床”现象，因此三级医院开设养老机构的动力不足；另一方面，基层医院服务能力本就不足，经济效益差，开设养老机构能力匮乏。《国务院办公厅关于印发医疗卫生领域中央与地方财政事权和支出责任划分改革方案的通知》（国办发〔2018〕67 号）明确要求，从 2019 年 1 月 1 日起，将老年健康服务、医养结合等内容划入基本公共卫生服务。基层医疗机构作为医养结合政策的执行单位，随着各类相关职能嵌入与目标定位层次越高、越宽、越全，其资源困境越发显著。[①] 社区卫生服务中心承担着繁杂的基本公共卫生服务，很难为老年人提供上门服务，家庭病床建设也很难落实。二是医疗机构开展养老服务难以获得日常运营补贴，即用医疗床位提供养老服务，享受不到补贴。医疗机构需要进行养老机构登记，才能享受养老服务补贴，即床位和人头费补贴。三是存在滥用医疗保障基金的风险。比如，由于医保监管机制不健全以及利益驱动，部分已过治疗期的老年人借医养结合之名，

---

① 屈贞．城市社区医养结合为何流于形式：一个总体分析框架［J］．中共福建省委党校（福建行政学院）学报，2021（1）：144－152.

用医疗保障基金支付常规的养老服务费用；某些已被纳入基本医疗保险试点、提供养老服务的民办医疗机构，把“养老床位”改为“医疗床位”，套用医疗保障基金支付养老床位费；将入住老年人一般的康复护理服务变相为“医疗诊治”服务，用医疗保障基金报销产生的费用；用医保名义给老年人开营养液等保健处方，变相套取医疗保障基金。这些违规行为造成了医疗保障基金的损失，损害了其他参保人员的权益，也制约了医养结合产业的健康有序发展。①

6.3.1.3 养老机构与医疗机构开展合作签约

养老机构与医疗机构联合运行，即养老机构和医疗机构建立合作机制。2020 年 12 月，国家卫生健康委等 3 部门组织制定了《医疗卫生机构与养老服务机构签约合作服务指南（试行）》，明确了医疗卫生机构与没有设置医疗卫生机构的养老服务机构签约合作，以及医疗卫生机构与已经设置医疗卫生机构但尚不能满足入住老年人医疗卫生服务需求的养老服务机构签约合作。签约医疗卫生机构可定期或不定期安排医疗卫生人员上门，也可根据需求在养老服务机构设置分院或门诊部，安排医疗卫生人员常驻养老服务机构提供医疗卫生服务。在符合双方意愿的基础上，养老机构可探索将内设医疗卫生机构交由签约医疗卫生机构管理运营。

对养老机构与医疗机构合作的实践进行 SWOT 分析，可以发现其优势和机会在于，养老机构能够借助医疗机构增强其医疗功能，双方合作的方式也灵活多样；国家相关部门也明确建立健全医疗机构与养老机构之间的业务协作机制，鼓励开通养老机构与医疗机构之间的预约就诊绿色通道，协同做好老年人的健康管理。这些都是激励养老机构与医疗机构开展合作的有利因素。

养老机构与医疗机构合作也面临突出的问题和挑战。一是养老机构与医疗机构能成功开展合作的，大都是大型医疗机构和高端养老机构，而基层医院和中低端养老机构即使合作，也由于其服务水平低、医疗设备落后，难以切实地为老人提供有效的医护服务。二是尽管与养老机构内设医疗机构相比，

---

① 马駇，秦光荣，何晔晖，等．关于应对人口老龄化与发展养老服务的调研报告［J］．社会保障评论，2017，1（1）：8－23.

与医疗机构签约合作的成本较低，但医养签约的基础是医养双方的信任与利益空间，缺乏有效约束和利益协调机制，一旦某一方利益受损，合作协议就可能终止，合作的有效性和持续性难以保证。

6.3.2 机构医养结合政策支持

6.3.2.1 改进面向老年人的医疗卫生服务体系

医疗卫生服务体系需要认真分析和有效回应老年人的特点和需求，从以下几个方面加强和改进面向老年人的医疗卫生服务。一是增强医疗卫生服务的连续性和主动性，包括采取完善分级诊疗、推进上门医疗和护理服务等举措。二是补齐康复医疗短板，明确医院、专业康复机构、社区卫生服务机构等各类机构在康复体系中的功能定位，建立一个多层次、低成本的康复医疗服务体系。三是改革护士培养模式，将护士的执业资质分为若干层级，促进护士等医疗护理人力供给。四是完善医疗保障制度，坚持“保基本”的定位，将更多预防保健、康复护理、功能支持等项目纳入医保。五是加强对老年人及其家属的健康教育，加大对虚假健康信息的惩处和打击力度。

完善的分级诊疗制度是医疗资源优化配置的关键，分级诊疗制度的推进任重而道远。首先，要加强顶层设计，以提升基层医疗服务能力为重点，完善基层首诊的制度基础。比如，在荷兰，初级卫生保健在整个卫生系统中占有非常重要的地位，主要是由家庭医生制度来实现。荷兰的家庭医生制度较为完善，家庭医生提供非住院性质的、围绕居民家庭开展的一系列社区性的医疗卫生服务，既满足了居民的基本医疗需求，协调了医疗市场，控制了卫生费用，也促进了疾病的预防和个人的日常保健，可以说，家庭医生是荷兰高质量初级卫生保健的最佳提供者，也是健康保健系统的最佳“守门人”。可见，构建各级医疗机构之间的分工协作机制，鼓励社区卫生服务机构发展居家医疗护理服务；引导三级医院逐步减少普通门诊，重点发展危急重症、疑难病症诊疗，才能推动健全双向转诊、上下联动、急慢分治的合理就医秩序的实现。

其次，推动分级诊疗制度落实。借助医联体优化医疗卫生资源，探索建立基层医疗集团等紧密型医联体：将医院和基层医疗卫生机构联合成为管理共同体、责任共同体、利益共同体，加强基层医疗卫生体系，破解社区医疗卫生服务长期存在的痼疾。一方面，医院与基层医疗卫生机构在财务、行政和运行上相互独立、各自为政，难以实现协调管理，将区内医院和社区卫生服务中心合并成为一个独立法人实体，整合各级别医疗机构临床诊疗电子病历、基本公共卫生服务中的数字化居民健康档案、人口统计中的人口信息，形成大卫生健康数据库，医院和基层医疗卫生机构联合构成管理共同体。另一方面，基层医疗集团建立分工明确合理的团队协作网络，三级医院主要提供急诊和住院服务，社区卫生服务中心主要负责普通临床门诊和基本公共卫生服务。针对以往基层医疗卫生机构存在处方不合理、诊疗能力低等问题，基层医疗集团通过远程服务提供技术支持，引入“基层检查+集团诊断”模式，每张社区卫生服务中心所开处方都经过三级医院药师审核，医院和基层医疗卫生机构形成责任共同体。由于医院和基层医疗卫生机构是“按服务付费”模式，服务量越高，收入就越高，两者形成竞争关系，缺乏协同合作动力。对此，基层医疗集团可以实施“按人付费”模式，社保拨付给基层医疗集团的医疗保障基金原则是总额管理、结余留用，患者越少生病住院，集团越受益，激励医院和社区卫生服务中心共同制定实施针对性策略，如加大健康风险因素控制和疾病预防力度，避免不必要的医疗支出，以降低成本，双方形成利益共同体。

6.3.2.2　明确各类养老机构功能

中国从2020年11月1日起实施新版《养老机构管理办法》，其中将养老机构界定为“依法办理登记，为老年人提供全日集中住宿和照料护理服务，床位数在10张以上的机构”。这一界定与2013年发布的旧版《养老机构管理办法》相比，有三点变化。一是删除了“依照《养老服务机构设立许可办法》设立”的表述，根据2018年12月29日修订的《中华人民共和国老年人权益保障法》，《养老机构管理办法》取消了设立养老机构需要许可的规定，要求实行养老机构登记备案和部门综合监管制度，体现了放权与监管并行原则。二是将“集中居住”改为“全日集中住宿”，明确了养老机构与日间照料机构的区别。三是将“照料服务”改为“照料护理服务”，强化了养老机构面向失能、半失能老年人服务的发展方向。

进一步规范养老机构健康发展，在总量有序扩大的同时，满足老年人多层次的养老需求。一方面，强化公办养老机构保障作用，明确公办养老机构

"兜底线、保基本"的职能定位，加快推进公办养老机构入住综合评估和轮候制度，公办养老机构优先向计划生育特殊家庭、作出特殊贡献的老年人以及经济困难的孤寡、失能、残疾、高龄老年人提供服务，聚焦失能、失智老年人的长期照护服务。鼓励有条件的党政机关和国有企事业单位举办的培训中心、疗养院及其他具有教育培训或疗养休养功能的各类机构经过一定程序整合改造为养老服务设施。另一方面，积极放开养老服务市场，支持社会力量投资兴办各级养老机构，既能满足经济条件好的老年人的高品质养老需求，又能满足经济条件一般的老年人的基本养老需求，形成以社会力量为主体的养老服务格局。推行社区照料机构和医疗机构公建民营，提高对护理型、连锁型民办养老机构的扶持力度。可以借鉴德国和日本的经验，发展长期照护保险制度培育市场，让市场机制在老年照护服务市场中发挥决定性作用，引导社会组织积极参与，实现老年护理服务社会化，促进养老产业发展。

6.3.2.3 加快医疗和养老护理人才队伍建设

党的十八大以来，随着老年护理需求的快速增长，我国老年护理教育政策供给也在持续增加，人才培养体系不断健全，人才培养方式不断完善，为应对人口老龄化、改善老年人护理条件发挥了重要作用。相关数据显示，我国目前有4400多万名需要专业照护的失能和半失能老年人，接近老年人口的1/5，对养老护理员的需求多达1000万人，然而目前持证在岗的护理员仅3万多人，供需缺口非常大。养老护理员不仅要为老年人提供生活照料，还需要提供专业的康复培训，要求护理员掌握老年医疗保健常识、康复辅导、心理调适等知识。目前，护理行业缺乏统一标准，人才培养呈现结构失衡，产教融合广度和深度不够，严重制约了医养结合的发展。"十四五"期间，我国65岁以上老年人口占比预计超过14%，进入深度老龄化社会，专业护理人员数量短缺、专业技能不足已经成为制约医养结合发展的短板。未来几年，我国医疗和养老护理服务供需缺口将进一步扩大，加快推进专业护理人才职业职教改革，扩大人才培养规模、提升人才培养质量，是支持医养结合发展，积极应对人口老龄化的重要举措。

第一，将专业护理人才培养纳入医养结合事业发展规划。2019年10月，国家卫生健康委、民政部等12部门联合印发《关于深入推进医养结合发展的若干意见》，明确将医养结合人才队伍建设分别纳入卫生健康和养老服务发展规划。要求各地制定培训规划，分级分类对相关专业技术人员及服务人员进行专业技能培训和安全常识培训，医养结合机构要优先招聘培训合格的医疗护理员和养老护理员。普通高校、职业院校可以增设相关专业和课程，加强老年医学、康复、护理、健康管理、社工、老年服务与管理等专业人才培养，扩大相关专业招生规模。

第二，将专业护理人才培养纳入各级各类教育体系。2019 年 10 月，教育部办公厅等 7 部门联合印发《关于教育支持社会服务产业发展 提高紧缺人才培养培训质量的意见》，提出鼓励引导有条件的职业院校积极增设护理、老年服务与管理、智能养老服务等社会服务产业相关专业点；引导应用型本科高校、本科层次职业教育试点院校开设医养结合相关专业，加快培养老年护理领域急需紧缺人才。教育部门可以将老龄问题纳入医学课程主流，加强老年医学的教学研究，将老年学和老年病学专业能力纳入所有医学教学体系中；以执业前培训和继续教育等形式，向所有卫生从业人员提供老年学即老年病学的基础培训。

6.3.3 机构医养结合的实施策略

6.3.3.1 自理老年人的机构医养结合

身体功能强而稳定的自理老年人，更多会选择居家养老，较少会入住养老机构。政策方面应该鼓励和支持自理老年人选择社区居家养老。对自理老年人来说，养老服务机构应该遵循身体功能“用进废退”的规律，以促进老年人“自己能做的事情自己做”为原则，维持和强化身体功能。老年人是自我健康的第一责任人，要积极控制自己的生活、确保健康和有尊严的生活的能力。

一是提高个人健康知识和健康自我监测能力，降低患病风险。健康是一个复杂而动态的系统，需要采取身体、心理和社会等全方位干预措施。自我监测是促进健康和预防疾病的关键要素。社会认知理论指出，自我监控会引起人们对自己行为的关注，会影响一个人的动机和行为。自我管理的成功取决于自我监控的保真度、一致性和时间上的接近性。个人可以通过自我监控，提高对自己生活方式和个人的认知，变得有动力监控或者保持健康。

二是通过合理饮食、适当锻炼、充足睡眠、社会参与等，维持和强化老年人的功能。健康素养是个体获取、理解和处理基本的健康信息或服务，运用这些信息和服务做出健康决策以维持和促进自身健康的能力。很多研究证明，健康素养水平的高低与个体健康有直接的相关性，是健康教育和健康促进的目标，被国际公认为是维持全民健康的最经济有效的策略。①

三是机构环境设施适老化。所有的基础设施都要考虑到老年人的需要，比如电梯、扶梯、地板、卫浴环境、斜坡、门廊和过道的设计，都应该充分考虑和规避潜在安全风险。创建智能、便捷、无障碍的年龄友好社会环境，可以帮助老年人维持和强化身体功能，有助于延长其健康预期寿命。

6.3.3.2 半失能老年人的机构医养结合

对于半失能老年人，机构医养结合服务的目标是，通过适当及时的治疗和康复阻止、延缓或扭转机能衰退，使疾病对个体总体功能的影响最小化。

对于养老机构内设医疗机构的，要积极发展远程医疗技术，提高医疗服务质量。新型冠状病毒大流行促进了远程医疗技术的普及，新型冠状病毒的全球传播突显了建立可靠和稳健的患者护理和卫生服务的必要性。远程医疗可以通过虚拟渠道安全地与医生进行沟通，最大限度减少传染。远程咨询和远程医疗采用数字信息和通信技术帮助患者通过改进自我护理及获得教育和支持的机会，开展自我健康管理。使用电子产品进行自我监测是在人的自然状态下收集数据，可以规避回顾性评估中经常出现的记忆偏差，数据具有生态有效性，更有利于实现自我健康管理，不仅可以治疗已经存在的健康问题，还可以在问题出现之前加以预防。②

对于医疗机构内设养老机构的，要充分利用自身的医疗资源，积极研发和提供更精准有效的服务。医疗机构可以根据老年人的基因、生活环境和生活方式等方面的不同特性，提供与之相适应的个性化预防和疾病治疗的新方法。精准医疗的本质是通过医学前沿技术，对大样本人群与特定疾病类型进行生物标记物的分析与鉴定、验证与应用，从而精准寻找疾病的原因和治疗的靶点，并对一种疾病不同状态和过程进行精确分类，最终实现对疾病和特

---

① 格罗普曼，哈茨班德．最好的抉择［M］．鞠玮婕，邓力，译．杭州：浙江人民出版社，2016.

② SLB A，RJMVK A，FCMD A，et al. A narrative synthesis systematic review of digital self-monitoring interventions for middle-aged and older adults［J］. Internet Interventions，2019（18）.

定患者进行个性化精准治疗的目的。[①] 精准医疗是基因学发展的最新成果，基因学是“研究人体内所有基因以及基因与基因之间、基因与人体环境之间关系”的一门科学，这门科学开创了一个利用基因组学预测疾病并为患者提供最优预防和治疗方案的新纪元。若能够预测潜在疾病，尽量阻止这些疾病的形成或者在病发初期给予精准的诊断和专门治疗，从时间而言提供了高质量、高价值的服务。

对于养老机构与医疗机构开展各种合作，要确保老年人发生意外时，能够通过绿色通道等途径得到及时有效的救治。此外，老年人有权对与自己相关的重要事务作出决定，促进老年人实现自主权，对于维护其尊严、自由和独立非常重要，是老年人健康生活的核心要素。《中华人民共和国老年人权益保障法》第二十六条规定，具备完全民事行为能力的老年人，可以在近亲属或者其他与自己关系密切，愿意承担监护责任的个人、组织中协商确定自己的监护人。监护人在老年人丧失或者部分丧失民事行为能力时，依法承担监护责任。《中华人民共和国民法典》第三十三条明确提出“意定监护”。支持老年人预立照护计划和生前遗嘱等，在出现疾病或失能之前，制订后期的医护计划、未来的治疗决定和临终关怀愿望，给老年人及其医疗保健提供者充足的时间，确保后者了解老年人的愿望，提高当事人对照护的满意度，维护自己的权益。

6.3.3.3 失能老年人的机构医养结合

我国政府出台了一系列税收优惠政策，重点支持发展失能老年人集中护理机构。对政府部门和企事业单位、社会团体以及个人等社会力量兴办的福利性和非营利性老年服务机构自用房产、土地，免征房产税、城镇土地使用税；对养老机构提供的养老服务免征增值税；对养老机构占用耕地免征耕地占用税；对营利性养老和医疗机构建设减半收取行政事业性收费等。虽然以上政策对失能老年人护理产生了积极影响，但整体来看，失能老年人养老服务业还存在长期照护保障体系不健全、专业护理人员不足、医疗护理服务机构短缺等问题，制约了机构医养结合的发展。

---

① 许利群. 移动健康和智慧医疗——移动互联网 + 下的健康医疗产业革命 [M]. 北京：人民邮电出版社，2016.

要扩大服务供给，规范服务内容体系化和标准化，提高服务质量，维护失能老年人的健康权利，推动健康老龄化的实现。

第一，坚持失能老年人长期照护是基本养老服务的理念，将失能老年人长期照护摆在解决老有所养问题的首要位置。政府加强宏观调控，引导养老服务业聚焦失能老年人长期照护，增加失能老年人机构护理供给量。通过公建民营、评估轮候等体制机制改革，以及改扩建、完善管理服务制度、提升服务能力等针对性措施，鼓励二级医院转型为老年护理院，专门为失能失智老年人提供照护服务，将大部分公办养老机构床位改造成护理型养老床位，通过差异化的建设补贴、运营补贴，引导民办养老机构发展护理型养老床位。

第二，推进长期护理保障制度建设。深入贯彻落实习近平总书记关于建立相关保险和福利及救助制度相衔接的长期护理保障制度的重要指示要求，支持发展商业性老年人长期护理保险和老年人住房反向抵押养老保险，开展长期护理保险试点，发挥保险的社会共济作用。

第三，推进机构医养结合服务质量建设专项行动。严重失能者常常无法获得其他人享有的基本权利和自由，许多国家的老年人护理机构和急性病护理场所广泛地使用物理和化学性人身限制，给失能者及其家庭带来巨大身体和精神压力。制定以失能老年人为主要服务对象的养老机构服务质量标准和评价体系，推动服务规范化与标准化进程，提高服务水平，切实维护失能老年人健康权利。

第四，最优化失能老年人内在能力的变化轨迹。同其他生命阶段一样，人在发生明显的能力衰退阶段，其内在能力也并非静止不变，而是处于持续变化的过程中。即使在严重失能的状态下，老年人也有权利实现他们的人生意义和尊严。通过有效的专业干预措施和必要的环境支持，维护失能老年人一定水平的功能发挥，最优化其内在能力的变化轨迹，以代偿失能，避免形成更严重的照护依赖。

结　语

积极应对人口老龄化是一个全球课题，老龄健康是人口老龄化面临的较大挑战之一。预期寿命延长是社会的进步，如果长寿伴随着健康，老年人口增加就是人力资源的增长，延长的健康生命能够以多种形式贡献于社会。如果延长的生命伴随着能力的诸多限制或损失，消耗更多的医疗卫生资源和社会服务，将增加个人、家庭和社会的负担，难以继续为社会做贡献。系统回顾我国医养结合政策体系建设与试点实践现状，尊重衰老、健康、医学的客观发展规律，尊重我国的国情，反思我国医养结合政策与实践的不足，借鉴国际相关经验，提出医养结合促进健康老龄化的中国方案：大力发展以社区居家为主的医养结合服务体系、严格规范机构医养结合服务体系的整体框架，针对不同健康状态的老年人提供不同的医养结合服务，最大限度地维护和强化所有老年人的身心功能，优化其内在功能的变化轨迹，减少人口老龄化对社会发展的负面影响。

“十四五”时期是我国积极应对人口老龄化的关键窗口期，需要具有前瞻性、统筹性、创新性及担当思维，以中国方案解决中国问题。在“健康中国”战略指导下，将健康融入老龄政策，大力发展社区居家医养结合，构建以社区为主的整合型医养结合服务体系，严格规范机构医养结合，维护和强化所有老年人的内在能力与功能发挥，实现健康老龄化，是积极应对人口老龄化的中国方案。医养结合是传统养老模式向健康全程管理的转型升级，是撬动健康养老服务业的支点，有望成为经济发展新常态下的一个重要经济增长点。我国作为世界人口大国，实施医养结合这一健康老龄化的战略，是解决人口老龄化与社会经济发展之间矛盾的根本性议题，也是我国作为发展中国家和人口大国的责任担当，是提升我国在健康领域国际影响力和制度性话语权的历史机遇。

参考文献

[1] 科斯格罗夫．向世界最好的医院学经营：克利夫兰诊所的经营之道[M]．科特勒咨询集团（中国），译．北京：机械工业出版社，2015.

[2] 郎曼．最好的医疗模式：公立医院改革的美国版解决方案[M]．李玲，译．北京：北京大学出版社，2011.

[3] 蔡昉．人口转变、人口红利与刘易斯转折点[J]．经济研究，2010，45（4）：4－13.

[4] 陈仲武．基层康复是初级卫生保健的一项重要内容[J]．中国农村医学，1987（11）：3－4.

[5] 陈社英，王昕，罗桂芬．社会政策与社区服务历史回顾：关于就地养老研究之国际视野[J]．改革与战略，2015，31（2）：157－167.

[6] 陈伟．英国社区照顾之于我国“居家养老服务”本土化进程及服务模式的构建[J]．南京工业大学学报（社会科学版），2012，11（1）：93－99.

[7] 陈成文，黄利平，陈建平．从“制度阻滞”看推动城市“医养结合”发展的制度建设方向[J]．湖南社会科学，2018（4）：69－76.

[8] 陈晨，张莹，杨睿悦，等．生物学年龄在健康老龄化中的研究进展[J]．中华老年医学杂志，2021，40（6）：798－802.

[9] 陈友华．居家养老及其相关的几个问题[J]．人口学刊，2012（4）：51－59.

[10] 陈昭，刘明．科技的温度：作为可行能力者的老年人与适老科技的新意涵[J]．新疆社会科学，2020（1）：144－149.

[11] 成秋娴，冯泽永．美国PACE及其对我国社区医养结合的启示[J]．医学与哲学（A），2015，36（9）：78－80＋88.

[12] 陈志鹏，杨金侠，章凯燕，等．基于史密斯模型的医养结合政策执

行效果研究［J］. 中国卫生事业管理，2021，38（7）：515－517＋546.

［13］陈娜，王长青. 失能老人与医养结合养老模式的匹配关系［J］. 中国老年学杂志，2019，39（7）：1758－1763.

［14］崔树起，路孝勤. 基层卫生服务实行全科医疗势在必行［J］. 中国初级卫生保健，1997（2）：49.

［15］崔树义，杨素雯. 健康中国视域下的“医养结合”问题研究［J］. 东岳论丛，2019，40（6）：42－51＋191－192.

［16］崔树义，田杨. 养老机构发展“瓶颈”及其破解——基于山东省45家养老机构的调查［J］. 中国人口科学，2017（2）：115－125＋128.

［17］崔炜，刘溪. 英国开展医养整合照护服务试点实践及对我国的借鉴［J］. 中国民政，2017（19）：57.

［18］戴卫东，余洋. 中国长期护理保险试点政策“碎片化”与整合路径［J］. 江西财经大学学报，2021（2）：55－65.

［19］戴卫东. 从“社会性住院”看养老保障建构——一个健康社会学的分析［J］. 中国公共政策评论，2016，10（1）：79－99.

［20］戴靓华. 医养理念导向下的城市社区适老化设施营建体系与策略［D］. 杭州：浙江大学，2015.

［21］邓大松，李玉娇. 医养结合养老模式：制度理性、供需困境与模式创新［J］. 新疆师范大学学报（哲学社会科学版），2018，39（1）：107－114＋2.

［22］杜词，王芳，袁莎莎. 美国全方位养老服务计划及对我国医养结合的启示［J］. 中国初级卫生保健，2019，33（9）：6－8.

［23］杜鹏，李兵，李海荣. “整合照料”与中国老龄政策的完善［J］. 国家行政学院学报，2014（3）：86－91.

［24］杜鹏，王雪辉. “医养结合”与健康养老服务体系建设［J］. 兰州学刊，2016（11）：170－176.

［25］丁建定，樊晴晴. SWOT分析视角下城镇失能老人医养结合服务模式研究［J］. 社会保障研究，2017（4）：14－20.

［26］方鹏骞，赵露. 基于卫生资源利用效率视角下的健康公平实现研究［J］. 人口与发展，2013，19（6）：74－83＋18.

［27］方红，姚红，刘奕男，等. 医养结合模式下老年人健康现状和全科

服务应对策略［J］．中国全科医学，2020，23（S2）：20－22.

［28］符美玲，陈登菊，张伟，等．从长期住院研究谈构建“医养结合”照护体系的必要性［J］．中国医院，2013，17（11）：21－23.

［29］傅华，高俊岭．健康是一种状态，更是一种资源——对 WHO 有关健康概念的认识和解读［J］．中国健康教育，2013，29（1）：3－4.

［30］高杨．论我国失能老人养老服务的有效供给［D］．青岛：中国海洋大学，2013.

［31］公文，欧阳霞．认知偏向与传播困境：老年人代际健康信息传播研究［J］．西南民族大学学报（人文社会科学版），2021，42（6）：192－198.

［32］郭东，李惠优，李绪贤，等．医养结合服务老年人的可行性探讨［J］．国际医药卫生导报，2005（21）：45－46.

［33］郭建，黄志斌．“将健康理念融入所有政策”的价值意涵和实现路径［J］．中州学刊，2020（6）：76－82.

［34］耿爱生，王珂．英国“医养结合”的经验与启示［J］．华东理工大学学报（社会科学版），2016，31（5）：87－94＋103.

［35］耿爱生．中国医养结合政策研究［J］．中州学刊，2018（6）：68－73.

［36］高小芬，于卫华．医养结合养老模式下我国长期护理分级制度的不足与建议［J］．护理学杂志，2014，29（11）：71－73.

［37］龚俊杰．医养结合社区居家养老模式［J］．中国老年学杂志，2020，40（8）：1777－1781.

［38］郭岩，孙思伟．重振初级卫生保健以实现全民健康覆盖和可持续发展目标——从《阿拉木图宣言》到《阿斯塔纳宣言》看初级卫生保健理念的进步［J］．中国农村卫生事业管理，2019，39（1）：7－11.

［39］睢党臣，彭庆超．“互联网＋”背景下我国城市社区智慧居家养老服务模式的构建［J］．新疆师范大学学报（哲学社会科学版），2018，39（3）：119－128.

［40］韩央迪．英美社区服务的发展模式及对我国的启示［J］．理论与改革，2010（3）：24－29.

［41］黄泽成，王俊华．可行能力理论对于优化医养结合养老模式的启示［J］．医学与哲学，2021，42（5）：41－44.

［42］华颖．健康中国建设：战略意义、当前形势与推进关键［J］．国家行政学院学报，2017（6）：105－111＋163.

［43］黄河浪，黄鹏，王国平，等．人口老龄化现状及相关卫生问题的思考［J］．疾病控制杂志，2005（5）：38－40.

［44］郝涛，商倩，李静．PPP模式下医养结合养老服务有效供给路径研究［J］．宏观经济研究，2018（11）：44－53.

［45］郝君富，李心愉．德国长期护理保险：制度设计、经济影响与启示［J］．人口学刊，2014，36（2）：104－112.

［46］李玲，江宇．关于公立医院改革的几个问题［J］．国家行政学院学报，2010（4）：107－110.

［47］李玲．什么样的改革能让医院不再逐利［J］．人民论坛，2017（26）：74－75.

［48］李长远．“互联网＋”在社区居家养老服务中应用的问题及对策［J］．北京邮电大学学报（社会科学版），2016，18（5）：67－73.

［49］李珍．关于完善老年服务和长期护理制度的思考与建议［J］．中国卫生政策研究，2018，11（8）：1－7.

［50］吕鹏飞，陈晓玲，周宏东，等．上海市医养结合养老模式卫生监督困境及对策［J］．医学与社会，2016，29（2）：71－73.

［51］李雪岩，王新军．疾病冲击、代际支持与非正式护理——基于CLHLS 2008—2018年面板数据的实证分析［J］．内蒙古社会科学，2021，42（3）：151－159.

［52］李秀明，冯泽永，王霞，等．部分二级医院开展医养结合存在的问题及对策分析［J］．中国卫生事业管理，2016，33（1）：16－18.

［53］林莞娟，王辉，邹振鹏．中国老年护理的选择：非正式护理抑或正式护理——基于CLHLS和CHARLS数据的实证分析［J］．上海财经大学学报，2014，16（3）：54－62.

［54］刘涛，解正林，陈仲钰．德国的医疗与护理关系及其对中国医养结合的启示［J］．中国公共政策评论，2020，17（2）：42－53.

［55］刘诗洋，刘梦，桂玥，等．北京市医养结合养老机构的发展问题与对策［J］．中国全科医学，2016，19（33）：4034－4038.

［56］李志宏．医养结合：问题缘起、实践偏差与破解之路［J］．老龄科学研究，2018，6（12）：3－12.

［57］李长远，张举国．我国医养结合养老服务的典型模式及优化策略［J］．求实，2017（7）：68－79.

［58］李海荣，李兵．“整合照料”：理论框架、国家实践及政策意义［J］．中共福建省委党校学报，2019（1）：127－136.

［59］刘国恩，官海静．分级诊疗与全科诊所：中国医疗供给侧改革的关键［J］．中国全科医学，2016，19（22）：2619－2624.

［60］刘泽伟．医养结合政策何以执行偏差：基于健康治理新框架的分析与建议［J］．领导科学论坛，2021（5）：79－90.

［61］刘玮．个体积极老龄化：积极老龄化的逻辑基础与政策取向［J］．云南社会科学，2021（3）：141－147＋189.

［62］刘亚娜．我国医养结合养老服务政策网络与耦合协同［J］．中国行政管理，2018（8）：53－58.

［63］刘威，刘昌平．社会保险与农村老年健康：参保会提升老年人健康水平吗？——基于多元有序 Logistic 模型的实证研究［J］．社会保障研究，2018（2）：47－53.

［64］刘晓梅，刘冰冰，成虹波．农村医养结合运行机制构建研究［J］．延边大学学报（社会科学版），2019，52（2）：99－107＋143.

［65］刘晓梅，张昊．我国长期照护保险可持续运行的机制完善［J］．学习与实践，2020（5）：49－59.

［66］刘华．关于上海推进“医养融合”的思考与建议［J］．科学发展，2014（5）：97－106.

［67］刘怿，解韬．基于原居安老的居家环境适老化改造服务研究：澳大利亚的经验与启示［J］．老龄科学研究，2021，9（7）：64－77.

［68］罗秀．以人为本的整合型卫生服务全球战略内涵与启示［J］．中国社会医学杂志，2018，35（2）：111－113.

［69］陆杰华，阮韵晨，张莉．健康老龄化的中国方案探讨：内涵、主要障碍及其方略［J］．国家行政学院学报，2017（5）：40－47＋145.

［70］卢建华，吴建国，吴静娜，王福影，徐文君，李星．构建适合中国

国情的健康管理体系［J］．中国全科医学，2009，12（3）：212－215.

［71］罗淳．从老龄化到高龄化［D］．西南财经大学，2000.

［72］马丽丽，陈娜，汤少梁．医养结合养老机构养老服务发展政策研究［J］．医学与社会，2016，29（4）：40－43.

［73］马健囡．可行能力理论视角下化解居家失能老人生存危机对策研究——以福建省为例［J］．老龄科学研究，2020，8（1）：32－43＋71.

［74］梅光亮，陶生生，朱文，杨威，胡志，秦使．我国健康老龄化评价测量指标体系的构建［J］．卫生经济研究，2017（11）：58－60.

［75］孟庆跃．中国卫生保健体制改革与健康公平［J］．中国卫生经济，2007（1）：9－14.

［76］米红，杨明旭．“医养结合”内涵界定需要明确六个问题［N］．中国社会报，2015－03－23（4）．

［77］米红，袁晓航，李睥．医养结合养老机构面临的内忧外患［N］．中国劳动保障报，2013－12－20（3）．

［78］穆光宗．不分年龄、人人健康：增龄视角下的健康老龄化［J］．人口与发展，2018，24（1）：11－13.

［79］穆光宗，张团．我国人口老龄化的发展趋势及其战略应对［J］．华中师范大学学报（人文社会科学版），2011，50（5）：29－36.

［80］彭荣．医疗和养老保险与高龄失能老人长期照料支出——基于CLHLS数据的实证分析［J］．中国卫生政策研究，2017，10（1）：46－51.

［81］彭希哲，宋靓珺，黄剑焜．中国失能老人长期照护服务使用的影响因素分析——基于安德森健康行为模型的实证研究［J］．人口研究，2017，41（4）：46－59.

［82］彭子璇，陈旭．基于整合视角的医养结合发展路径研究［J］．卫生经济研究，2018（12）：17－20＋24.

［83］彭浩然，岳经纶．中国基本医疗保险制度整合：理论争论、实践进展与未来前景［J］．学术月刊，2020，52（11）：55－65.

［84］裴晓梅．从“疏离”到“参与”：老年人与社会发展关系探讨［J］．学海，2004（1）：113－120.

［85］潘峰，宋峰．互联网＋社区养老：智能养老新思维［J］．学习与实

践，2015（9）：99－105.

［86］乔晓春．健康寿命研究的介绍与评述［J］．人口与发展，2009，15（2）：53－66.

［87］区慧琼．社会主义经济体制下的“医养结合”机构模式研究［J］．财经问题研究，2015（S1）：9－11.

［88］屈贞．城市社区医养结合为何流于形式：一个总体分析框架［J］．中共福建省委党校（福建行政学院）学报，2021（1）：144－152.

［89］仇雨临，冉晓醒．医疗服务可及性对老年人健康的影响——基于CLHLS数据的分析［J］．中国卫生政策研究，2019，12（7）：1－10.

［90］任雅婷，刘乐平，师津．日本医疗照护合作：运行机制、模式特点及启示［J］．天津行政学院学报，2021，23（4）：87－95.

［91］宋阳，方律颖，李星辉，等．医养整合性体系服务模式框架的探索研究［J］．中国初级卫生保健，2019，33（12）：1－3.

［92］宋金文．日本护理保险改革及动向分析［J］．日本学刊，2010（4）：107－120＋159.

［93］宋澜，王超．从覆盖到发展：医养结合养老模式三步走战略［J］．求实，2016（9）：62－69.

［94］沈婉婉，鲍勇．上海市养老机构“医养结合”优化模式及对策研究［J］．中华全科医学，2015，13（6）：863－865＋871.

［95］尚用馨，王震．苏格兰医疗服务与社会服务整合改革述评［J］．中国医疗保险，2019（7）：69－72.

［96］孙鹃娟，高秀文．国际比较中的中国人口老龄化：趋势、特点及建议［J］．教学与研究，2018（5）：59－66.

［97］唐钧．关于医养结合和长期照护服务的系统思考［J］．党政研究，2016（3）：122－127.

［98］唐钧，冯凌．长期照护的全球共识和概念框架［J］．社会政策研究，2021（1）：18－38.

［99］唐志红，于卫华，饶晓岚，等．医养结合－四元联动整合照护模型的实践［J］．中华护理杂志，2017，52（1）：40－43.

［100］童星．发展社区居家养老服务以应对老龄化［J］．探索与争鸣，

2015（8）：69－72.

［101］同春芬，王珊珊．关于医养结合的研究综述［J］．老龄科学研究，2016，4（7）：63－72.

［102］谭金可，黄泓森．上海长期护理保险与医养结合模式的衔接［J］．科学发展，2021（4）：108－112.

［103］万祺．长期护理保险：对“医养结合”宜辩证利用［N］．第一财经日报，2021－02－23（11）．

［104］温海红，王怡欢．基于个体差异的“互联网＋”居家社区养老服务需求分析［J］．社会保障研究，2019（2）：40－48.

［105］王曲，刘民权．健康的价值及若干决定因素：文献综述［J］．经济学（季刊），2005（4）：1－52.

［106］王浦劬，雷雨若，吕普生．超越多重博弈的医养结合机制建构论析——我国医养结合型养老模式的困境与出路［J］．国家行政学院学报，2018（2）：40－51＋135.

［107］王永梅．老年心理资本研究述评［J］．老龄科学研究，2015，3（1）：59－68.

［108］王梅．老年人寿命的健康状况分析——老年人余寿中的平均预期带病期［J］．人口研究，1993（5）：26－31.

［109］王长青，毛鹏远，陈娜．供给侧改革视域下医养结合资源的多重整合［J］．中国卫生事业管理，2016，33（12）：946－948.

［110］王长青，毛鹏远，陈娜，等．医养结合资源的多重整合［J］．学海，2016（6）：43－47.

［111］王辉．政策工具视角下我国养老服务业政策研究［J］．中国特色社会主义研究，2015（2）：83－89.

［112］王俊，龚强，王威．“老龄健康”的经济学研究［J］．经济研究，2012，47（1）：134－150.

［113］王培安．推进医养结合 建设健康中国［J］．人口与计划生育，2016（3）：4－6.

［114］王琼．城市社区居家养老服务需求及其影响因素——基于全国性的城市老年人口调查数据［J］．人口研究，2016，40（1）：98－112.

［115］王玉环，刘素香．福利多元主义视角下老年人长期照护政策研究［J］．中国护理管理，2012，12（5）：93－96.

［116］王羽．面向二十一世纪的初级卫生保健——纪念《阿拉木图宣言》发表二十周年［J］．中国初级卫生保健，1999（1）：11－12.

［117］王林，法若冰，王长青．国外长期护理模式对我国医养结合养老模式的启示［J］．南京医科大学学报（社会科学版），2017，17（1）：17－21.

［118］王黎，雷洋，孙兆元，等．养老机构失能老人护理服务内容及实施者资质的研究［J］．中华护理杂志，2014，49（11）：1285－1289.

［119］王建军．推进健康中国建设积极应对人口老龄化［J］．中国党政干部论坛，2021（6）：55－57.

［120］王素英，张作森，孙文灿．医养结合的模式与路径——关于推进医疗卫生与养老服务相结合的调研报告［J］．社会福利，2013（12）：11－14.

［121］王洪娜．医养结合养老机构服务效率及其影响因素——基于山东省226家医养结合养老机构数据分析［J］．重庆社会科学，2020（5）：129－140.

［122］王洵．“健康老龄化”研究的回顾与展望［J］．人口研究，1996（3）：71－75.

［123］吴宏洛．论医疗保险制度设计对失能老人的救助功能——基于医养结合长期照护模式的考察［J］．福建师范大学学报（哲学社会科学版），2014（2）：23－29.

［124］吴宗辉，罗燕妮．整合照料式养老服务研究进展［J］．保健医学研究与实践，2017，14（1）：4－7.

［125］邬沧萍，姜向群．“健康老龄化”战略刍议［J］．中国社会科学，1996（5）：52－64.

［126］邬沧萍，谢楠．关于中国人口老龄化的理论思考［J］．北京社会科学，2011（1）：4－8.

［127］邬沧萍，苏苹，陈杰，等．有关研究健康老龄化方法论的几点思考［J］．中国人口科学，2001（S1）：103－108.

［128］邬沧萍，王琳，苗瑞凤．中国特色的人口老龄化过程、前景和对策［J］．人口研究，2004（1）：8－15.

［129］吴玉韶，伍小兰．健康老龄化：低成本应对人口老龄化的重要举

措 [N]. 中国社会科学报, 2015-01-16 (1).

[130] 吴帆. 认知、态度和社会环境: 老年歧视的多维解构 [J]. 人口研究, 2008 (4): 57-65.

[131] 肖子华, 丁佩佩. 医养结合: "结合什么"与"如何结合" [J]. 人口与社会, 2021 (1): 28-35.

[132] 肖云芳, 杨小丽. 论医养结合模式下的过度医疗 [J]. 医学与哲学 (A), 2017, 38 (11): 49-52.

[133] 许伟, 谢熠. 健康社会学的流变与前瞻 [J]. 学术论坛, 2014 (8): 106-111.

[134] 徐国平, 郑家麟, 韩建军. 纪念《阿拉木图宣言》发表40周年: 全球基本医疗卫生服务发展经验及中国医疗卫生人才队伍建设 [J]. 中国全科医学, 2019, 22 (4): 375-382.

[135] 夏艳玲, 钟雨珊. 美国PACE整合型照护模式的特征及借鉴 [J]. 卫生经济研究, 2019, 36 (4): 55-58.

[136] 谢春艳, 胡善联, 何江江, 等. 整合保健: 英国经验对我国社区卫生服务改革的启示 [J]. 中国卫生政策研究, 2012, 5 (9): 40-44.

[137] 原新, 金牛. 中国医养结合模式治理的基点、焦点和要点 [J]. 河海大学学报 (哲学社会科学版), 2021, 23 (2): 71-78+107-108.

[138] 杨兴华, 张格儿. 阿玛蒂亚·森和玛莎·努斯鲍姆关于可行能力理论的比较研究 [J]. 学术论坛, 2014, 37 (2): 31-34.

[139] 杨静慧. 我国医养结合养老模式的研究热点与演进趋势——基于CiteSpace软件的可视化分析 [J]. 老龄科学研究, 2021, 9 (2): 51-64.

[140] 杨辉. 从《阿拉木图宣言》到《阿斯塔纳宣言》: 全科医学发展是实现全民健康覆盖的重中之重 [J]. 中国全科医学, 2019, 22 (1): 1-4.

[141] 杨莉. 医养结合的运营模式探究——以武汉市"互联网+居家养老"为例 [J]. 学习与实践, 2019 (11): 101-108.

[142] 杨景亮. 老年人医养结合服务模式探究 [D]. 东北大学, 2012.

[143] 易昕. "医养结合"背景下我国长期护理保险制度完善研究 [D]. 南开大学, 2020.

[144] 岳经纶, 方萍. 照顾研究的发展及其主题: 一项文献综述 [J].

社会政策研究，2017（4）：38－56.

［145］岳经纶，黄博函．健康中国战略与中国社会政策创新［J］．中山大学学报（社会科学版），2020，60（1）：179－187.

［146］岳经纶，王春晓．健康治理创新的几个争论重点［J］．人民论坛，2018（33）：62－63.

［147］张建超，王小平，王杰超，等．老龄化社会亟待建立中长期医疗照护保障体系［J］．当代医学，2013，19（34）：157－158.

［148］张晓杰．医养结合养老创新的逻辑、瓶颈与政策选择［J］．西北人口，2016，37（1）：105－111.

［149］张立斌，段亚梅，邓庆，等．公立医院医养结合养老模式的运行分析及思考［J］．中国医院管理，2017，37（4）：9－11.

［150］张敏．城市居家医养结合的实施难点与对策研究［D］．华东理工大学，2021.

［151］张丽艳，冯思思．中国医养结合研究热点分析［J］．中国老年学杂志，2021，41（11）：2440－2443.

［152］张泽宇，田翀，方鹏骞．基于健康老龄化的我国“十四五”期间医养结合体系发展趋势探析［J］．中国卫生事业管理，2021，38（7）：493－495.

［153］仲崇明．医养结合需辩证用好长护险［J］．中国卫生，2021（3）：80－81.

［154］赵晓芳．健康老龄化背景下“医养结合”养老服务模式研究［J］．兰州学刊，2014（9）：129－136.

［155］赵晓芳．老龄健康视角下“医养结合”政策文本分析［J］．社会福利（理论版），2018（1）：14－20.

［156］赵晓芳．基于二维分析框架的医养结合政策体系研究［J］．兰州学刊，2021（6）：139－150.

［157］赵晓芳．积极老龄化视角下的“医养结合”：英国的经验与启示［J］．社会福利（理论版），2017（5）：1－6＋20.

［158］赵青，李珍．英国长期照护：基本内容、改革取向及其对我国的启示［J］．社会保障研究，2018，（5）：96－103.

［159］周燕珉，王富青．“居家养老为主”模式下的老年住宅设计［J］.

现代城市研究，2011，26（10）：68－74.

［160］周业勤．能力健康概念及其启示［J］．医学与哲学（A），2016，37（1）：18－21.

［161］臧少敏．“医养结合”养老服务的开展现状及模式分析——以北京市为例［J］．老龄科学研究，2015，3（12）：42－47.

［162］曾尔亢，孙煜昊，段凌，等．我国人口老龄化与衰老科学［J］．中国社会医学杂志，2012，29（6）：388－389.

［163］张继元．社区医养结合服务：日本的探索与启示［J］．安徽师范大学学报（人文社会科学版），2021，49（3）：74－82.

［164］张莹，刘晓梅．结合、融合、整合：我国医养结合的思辨与分析［J］．东北师大学报（哲学社会科学版），2019（2）：132－138.

［165］张云，王媛，王垚，等．老年中期照护及发展［J］．北京医学，2021，43（3）：243－245.

［166］张晓虎，夏军．对疾病概念的建构论分析［J］．医学与哲学（人文社会医学版），2010，31（10）：21－23.

［167］张帆，仇军．健康社会学的研究前沿［J］．北京体育大学学报，2015，38（8）：80－87.

［168］郑功成．“十四五”时期中国医疗保障制度的发展思路与重点任务［J］．中国人民大学学报，2020，34（5）：2－14.

［169］朱庆．医养结合养老服务研究综述［J］．中国初级卫生保健，2020，34（6）：15－18.

［170］朱丽，刘丽杭，彭子璇．健康老龄化视域下医养结合的认知、探索与融合路径［J］．人口与社会，2019，35（4）：28－42.

［171］朱恒鹏．“医养结合”的痛点在“医”不在“养”［J］．中国财政，2017（24）：36－38.

［172］朱恒鹏．建立分级诊疗体系如何可能［J］．中国党政干部论坛，2018（10）：25－29.

［173］ARMITAGE G D，SUTER E，OELKE N D，et al. Health systems integration：state of the evidence［J］. International Journal of Integrated Care，2009，9（2）.

[174] ARROW K J. Uncertainty and the welfare economics of medical care [J]. The American Economic Review, 1963, 53 (5): 941 -973.

[175] BEARD J R, SI YF, LIU ZX, et al. Intrinsic Capacity: Validation of a New WHO Concept for Healthy Ageing in a Longitudinal Chinese Study [J]. The journals of gerontology. Series A, Biological sciences and medical sciences, 2021, 77 (1): 94 -100.

[176] BOLTZ M, CAPEZUTI E, SHABBAT N, et al. Going home better not worse: older adults' views on physical function during hospitalization [J]. International journal of nursing practice, 2010, 16 (4): 381 -388.

[177] BRIDGEN P, LEWIS J. Elderly people and the boundary between health and social care 1946 -91: Whose responsibility? [R] . London: The Nuffield Trust, 1999.

[178] BRUMMEL-SMITH K. Optimal aging, part II: Evidence-based practical steps to achieve it. Annals of Long-term Care, 2007, 15 (12): 32 -40.

[179] CALDWELL B A, ALESSI E J, DIGIULIO M, et al. Integrating Behavioral Health into Primary Care: The Role of Psychiatric Nursing in the Development of the Interprofessional Team [J]. Issues in Mental Health Nursing, 2021, 42 (8): 758 -767.

[180] CARRERA F, PAVOLINI E, RANCI C, et al. Long-Term Care Systems in Comparative Perspective: Care Needs, Informal and Formal Coverage, and Social Impacts in European Countries [M] . //RANCI C, PAVOLINIE. Reforms in Long-Term Care Policies in Europe. New York: Springer, 2013: 23 -52.

[181] CAVOUKIAN A, FISHER A, KILLEN S, et al. Remote home health care technologies: how to ensure privacy? Build it in: Privacy by Design [J]. Identity in the Information Society, 2010, 3 (2): 363 -378.

[182] CHATTERJI P, BURSTEIN N R, KIDDER D, et al. Evaluation of the Program of All-Inclusive Care for the Elderly (PACE) Demonstration: The Impact of PACE on Participant Outcomes [R] . Cambridge: HCFA, 2001.

[183] CHOI Y J. Understanding Aging in Place: Home and Community Features, Perceived Age-Friendliness of Community, and Intention Toward Aging in

Place [J]. The Gerontologist, 2021, 62 (1): 46 – 55.

[184] CIEZA A, CAUSEY K, KAMENOV K, et al. Global estimates of the need for rehabilitation based on the Global Burden of Disease study 2019: a systematic analysis for the Global Burden of Disease Study 2019 [J]. The Lancet, 2020, 396 (10267): 2006 – 2017.

[185] COOK D J. Health Monitoring and Assistance to Support Aging in Place [J]. J. UCS, 2006, 12 (1): 15 – 29.

[186] EATON G, WONG G, TIERNEY S, et al. Understanding the role of the paramedic in primary care: a realist review [J]. BMC Medicine, 2021, 19 (1): 145.

[187] FIELDS B, YANES C, ENNIS M, et al. Community Aging in Place, Advancing Better Living for Elders (CAPABLE) program: Understanding the potential involvement of care partners [J]. Health & Social Care in The Community, 2021, 30 (4): e1212 – e1219.

[188] GALOF K, BALANTIČ Z. Making the Decision to Stay at Home: Developing a Community-Based Care Process Model for Aging in Place [J]. International Journal of Environmental Research and Public Health, 2021, 18 (11): 5987.

[189] GENET N, BOERMA W G, KRINGOS D S, et al. Home care in Europe: a systematic literature review [J]. BMC Health Services Research, 2011, 11 (1): 207.

[190] GÓMEZ-PORTES C, VALLEJO D, CORREGIDOR-SÁNCHEZ A, et al. A Platform Based on Personalized Exergames and Natural User Interfaces to Promote Remote Physical Activity and Improve Healthy Aging in Elderly People [J]. Sustainability, 2021, 13 (14): 7578.

[191] GOCHOO M, ALNAJJAR F, TAN T H, et al. Towards Privacy-Preserved Aging in Place: A Systematic Review [J]. Sensors (Basel), 2021, 21 (9): 3082.

[192] GOODWIN N. Taking integrated care forward: the need for shared ualues [J]. In ternational Journal of Integrated Care, 2013, 13 (12): e026.

[193] GRÖNE O, GARCIA-BARBERO M. Integrated care: a position paper of the WHO European Office for Integrated Health Care Services [J]. International Journal of Integrated Care, 2001, 1: e21.

[194] HAUN N, COTNER B A, MELILLO C. et al. Informing Proactive integrated virtual healthcare resource use in primary care [J]. BMC Health Services Research, 2021, 21 (1): 802.

[195] HAYWOOD S, HUNTER D J. CONSULTATIVE PROCESSES IN HEALTH POLICY IN THE UNITED KINGDOM: A VIEW FROM THE CENTRE [J]. Public Administration, 1982, 60 (2): 143 - 162.

[196] HEENAN D, BIRRELL D. The Integration of Health and Social Care: The Lessons from Northern Ireland [J]. Social Policy & Administration, 2006, 40 (1): 47 - 66.

[197] HENDERSON D, CROOKS G, NAGY O, et al. The European Innovation Partnership for Active and Healthy Ageing: Action Plan for Integrated Care [J]. International Journal of Integrated Care, 2013, 13 (5).

[198] HENDRY A, VANHECKE E, CARRIAZO A M, et al. Integrated Care Models for Managing and Preventing Frailty: A Systematic Review for the European Joint Action on Frailty Prevention (ADVANTAGE JA) [J]. Translational Medicine @ UniSa, 2019, 19: 5 - 10.

[199] HUBER M, KNOTTNERUS J A, GREEN L, et al. How should we define health? [J]. BMJ (clinical research ed.), 2011, 343 (jul26 2): d4163.

[200] HUDSON B. Policy into Practice Partnership Working between Health and Social Care: the Health Act 1999 [J]. Research Policy and Planning, 2004, 22 (1): 57 - 62.

[201] IKEGAMI N, CAMPBELL J C. Japan's health care system: containing costs and attempting reform [J]. Health Affairs (Project Hope), 2004, 23 (3): 26 - 36.

[202] IRUELA-ARISPE M L. An inflammatory clock for healthy aging [J]. Nature Aging, 2021, 1 (7): 574 - 575.

[203] KODNER D L. All together now: a conceptual exploration of integrated

care [J]. Healthcare Quarterly (Toronto, Ont.), 2009, 13 Spec No. (Special Issue): 6 – 15.

[204] KUH D, KARUNANANTHAN S, BERGMAN H, et al. A life-course approach to healthy ageing: maintaining physical capability [J]. Proceeding of the Nutrition Society, 2014, 73 (2): 237 – 248.

[205] LEUTZ W N. Five Laws for Integrating Medical and Social Services: Lessons from the United States and the United Kingdom [J]. The Milbank Quarterly, 1999, 77 (1): 77 – 110.

[206] MAREK K D, RANTZ M J . Aging in place: a new model for long-term care [J]. Nursing Administration Quarterly, 2000, 24 (3): 1 – 11.

[207] OHLSEN S, SANDERS T, CONNELL J, et al. Integrating mental health care into home-based nursing services: A qualitative study utilising normalisation process theory [J]. Journal of Clinical Nursing, 2022, 31 (9 – 10): 1184 – 1201.

[208] PETCH A. Providing integrated health and social care for older persons: a European overview of issues at stake [J]. international journal of integrated care, 2004, 4 (3) .

[209] REED J, COOK G, CHILDS S, et al. A literature review to explore integrated care for older people [J]. International Journal of Integrated Care, 2005, 5 (1) .

[210] ROBEYNS I. SEN's CAPABILITY APPROACH AND GENDER INEQUALITY: SELECTING RELEVANT CAPABILITIES [J]. Feminist Economics, 2003, 9 (2 – 3): 61 – 92.

[211] RODAKOWSKI J, MROZT M, CIRO C, et al. Stimulating Research to Enhance Aging in Place [J]. OTJR: Occupation, Participation and Health, 2021, 41 (4): 268 – 274.

[212] RUDNICKA E, NAPIERAŁA P, PODFIGURAN A, et al. The World Health Organization (WHO) approach to healthy ageing [J]. Maturitas, 2020, 139: 6 – 11.

[213] SALOMON J A, WANG H, FREEMAN M K, et al. Healthy life expectancy for 187 countries, 1990—2010: a systematic analysis for the Global Bur-

den Disease Study 2010 [J]. The Lancet, 2012, 380 (9859): 2144 -2162.

[214] SALOMON J A, WANG H, FREEMAN M K, et al. Healthy life expectancy for 187 countries, 1990—2010: a systematic analysis for the Global Burden Disease Study 2010 [J] . The Lancet, 2012, 380 (9859): 2144 -2162.

[215] SALVI D. Prevention of Depression in Elderly: An Introduction to Facilitate Healthy Ageing Process [J]. Indian Journal of Health & Wellbeing, 2017, 8 (10): 1271 -1275.

[216] SCOTT A J. Achieving a three-dimensional longevity dividend [J]. Nature Aging. 2021, 1 (6): 500 -505.

[217] SEEMAN T E. Social ties and health: The benefits of social integration [J]. Annals of Epidemiology, 1996, 6 (5): 442 -451.

[218] TAKAAKI S, YOSHIE S, YUKO Y, et al. Community-Based Integrated Care Units: Intermediate Care Units for Older Adults in Japan [J]. Journal of the American Medical Directors Association, 2021, 22 (8): 1774 -1775.

[219] GRUENBERG E M. The Failures of Success [J] . The Milbank Memorial Fund quarterly Health and Society, 1977, 55 (1): 3 -24.

[220] UNGVARI Z, ADANY R. The future of healthy aging: translation of geroscience discoveries to public health practice [J]. European Journal of Public Health, 2021, 31 (3): 455 -456.

[221] VALENTIJN P P, SCHEPMAN S M, OPHEIJ W, et al. Understanding integrated care: a comprehensive conceptual framework based on the integrative functions of primary care [J]. International Journal of Integrated Care, 2013, 13 (1) .

[222] WILES J L, LEIBING A, GUBERMAN N, et al. The Meaning of "Aging in Place" to Older People [J]. The Gerontologist, 2012, 52 (3): 357 -366.

[223] WILLIAMS P M. Integration of health and social care: a case of learning and knowledge management [J]. Health and Social Care in the Community, 2012, 20 (5): 550 -560.

[224] World Health Organization. WHO global strategy on people-centred and integrated health services: interim report [R]. Geneva: WHO, 2015.